ABENTEUER

HURTIGRUTEN
Mit dem Postschiff ins Licht der Mitternachtssonne

Bilder von
Kai-Uwe Küchler
Texte von
Manfred Küchler

INHALT

Erste Seite:
„Die sieben Schwestern" heißt einer der berühmtesten Wasserfälle Norwegens am Geirangerfjord. Die „Damen" sind aber nur bei ausreichend Niederschlag alle „zu Hause".

Seite 2/3:
Seit über 100 Jahren versehen Hurtigruten-Postschiffe zuverlässig ihren Dienst. Hier zwei Schiffe der neuesten Generation vor Henningsvær.

Seite 4/5:
Den schönsten Ausblick auf Ålesund hat der Besucher vom Hausberg Aksla. 1904 fielen hier 800 Holzhäuser einem Brand zum Opfer, und in einer Rekordzeit von drei Jahren erstrahlte die Stadt erneut, nun im zeitgemäßen Jugendstil.

10
HURTIGRUTEN – MIT DEM POSTSCHIFF INS LICHT DER MITTERNACHTSSONNE

26
FJORDNORWEGEN – TRAUMHAFTE FJORDE, WASSERFÄLLE UND GEWALTIGE BERGRIESEN

Seite 32
Bergen – die Reise beginnt

Seite 42
Im Sommer ein „Muss":
Geirangerfjord und Trollstigen

Seite 48
Reise mit Hurtigruten –
die Atmosphäre an Bord

54
VON KRISTIANSUND BIS ZUM POLARKREIS – NORWEGENS SCHLANKE MITTE

Seite 58
Alte Königsstadt und alte Geschichten –
Trondheim und Trolle

76
DER NORDEN – DAS TOR ZUR ARKTIS

Seite 88
Wunderwelt Lofoten – Inseln im Nordmeer

Seite 106
Von Narvik hinauf in das Land der Samen

Seite 116
Unter der Mitternachtssonne – angelangt am nördlichsten Punkt der Reise

Seite 124: Nützliche Informationen
Seite 126: Register
Seite 127: Karte
Seite 128: Impressum

Seite 8/9:
Nusfjord auf den Lofoten hat schon viele Touristen und Künstler zum Bleiben animiert. Die Holzhäuser am kleinen Hafen vermitteln das typische „Lofoten-Gefühl".

Hurtigruten – mit dem Postschiff ins Licht der Mitternachtssonne

Norwegen mit seiner spektakulären Landschaft, der wilden zerklüfteten Küste, unzähligen Inseln und Schären, den außergewöhnlichen Lichtstimmungen in einer klaren Luft, die bei uns Mitteleuropäern fast schon Seltenheitswert besitzt, erfreut sich einer zunehmenden Beliebtheit. Ein Geheimtipp könnte man sagen, hätte Norwegen sich nicht längst zu einem attraktiven Besuchermagnet entwickelt.

Erkunden wir das Land. Doch wie? Zu Fuß, mit dem Rad oder Auto? Alles ist möglich. Doch mitunter verpassen wir das Schönste, das Interessanteste: die Küste. Ohne sie ist Norwegen nicht zu erleben. Für Fischer und andere Bewohner war sie über Jahrhunderte unverzichtbarer Lebensnerv und zugleich ein Hindernis mit unwägbaren Gefahren, sofern man zwischen Süd und Nord kommunizieren wollte. Und wenn sich ein Land noch über 1750 Kilometer Länge erstreckt, dabei zum Teil schmal wie ein „Handtuch" (nördlich von Narvik sind es nur etwas mehr als sechs Kilometer), gibt es Probleme. Die Handelsgüter, vor allem den getrockneten Fisch, Post und natürlich Menschen von A nach B zu befördern, erforderte Zeit, und im Winter kam mitunter alles völlig zum Erliegen.

Ideen waren gefragt. Und diese lagen nun wahrlich nicht, wie man so sagt, auf der Straße. Ein Mann suchte und fand sie – auf dem Meer.

Die MS Lyngen auf großer Fahrt. Das Schiff wurde 1982 gebaut und gehört zur sogenannten mittleren Generation der Flotte.

Die Geburtsstunde von Hurtigruten

Richard With, in Tromsø geboren, Kaufmann und nach langen Jahren seemännischer Praxis ein erfahrener Kapitän, transportierte Fisch und Güter gewissenhaft entlang der Küste. Dies war, wie alle Schifffahrt zwischen Inseln, Schären und Klippen – ohne zuverlässige Seekarte und nur auf die eigene Erfahrung angewiesen – ein bisweilen riskantes Unternehmen.

Regelmäßige Fahrten und Verbindungen zwischen den Häfen sahen, nehmen wir ein Beispiel, so aus: Zweimal im Jahr gab es einen offiziellen Auftrag, Post von Trondheim in den hohen Norden zur Festung Vardøhus zu befördern. Eine „Staffelpost" übernahm diese Aufgabe. Erste Etappe: Acht Seeleute ruderten die Fracht von Trondheim nach Bodø. Zweite Etappe: Ein neues seetüchtiges Team übernahm die Post und transportierte sie bis Tromsø, wo die dritte Etappe ihren Anfang nahm. Sie führte bis Alta. Nach drei Monaten war das Werk vollbracht. Später, Mitte des 19. Jahrhunderts, übernahmen Dampfschiffe diese Aufgabe, aber der Postweg war noch immer langwierig und blieb sporadisch.

Stokmarknes, ein kleiner Hafen auf den Vesterålen. Kapitän With grübelt. Er studiert Aufzeichnungen des befreundeten Lotsen Anders Holthe. Sollte eine schnelle und regelmäßige Seeverbindung zwischen Nord und Süd nicht doch möglich sein? Aber wird sie wirtschaftlich sein? Sind die Risiken nicht doch zu hoch? Und bei wem könnte er nicht zuletzt auf finanzielle Unterstützung hoffen?

Der Besuch auf der Brücke bildet einen der Höhepunkte einer Hurtigrutenreise. Rundfahrtpassagieren wird diese Gelegenheit meist vom Kapitän eingeräumt. Hier ein Teil der Brücke auf der MS Richard With.

Als der Dampfschiff-Referent August Kriegmann Gran eine Art Wettbewerb über einen Schiffsverkehr ausschreibt, der zweimal wöchentlich Trondheim mit Vadsø verbinden soll, sieht With seine Chance gekommen. In nur 34 Stunden will er die Strecke absolvieren. Aber um dieses Ziel zu erreichen, müssten die Schiffe auch nachts fahren. Ein aberwitzig scheinender Gedanke. Die Leute glauben, With habe den Verstand verloren. Anfangs will keine Versicherung das Unternehmen absichern. Doch With gibt nicht nach. Er überzeugt die Zweifler. Technische Neuerungen helfen ihm dabei. 1883 war der „Thomson-Kompass" entwickelt worden. Lotsen sollten die Schiffe nachts sicher durch die Küstengewässer führen. Und tatsächlich: Am 2. Juli 1893 nimmt Kapitän With mit dem Dampfer „Vesterålen" die Fahrt nach Norden auf. Tausende begeisterter Norweger erleben die Geburtsstunde von Hurtigruten, der „schnel-

Ganz oben:
Dem Essen wird auf allen Hurtigruten-Schiffen ein hoher Stellenwert eingeräumt. Die Menüs und Buffets sind reichlich und schmackhaft. Wie es sich für ein skandinavisches Land gehört, werden vor allem nordische Spezialitäten und Fisch serviert.

Oben:
Norwegische Versuchung: Ein Dessert rundet die Mahlzeit ab. Der Service auf den Schiffen ist perfekt.

len Rute", wie With sie nennt. Die Tour gestaltet sich zu einem Triumphzug. In den Häfen wird das Schiff mit Hurrarufen empfangen. Waren und Post werden pünktlich ausgeliefert. Nordnorwegen hat nun eine zuverlässige Nord-Süd-Verbindung und damit zugleich Zugang zu den Weltmärkten.

DER EISPANZER BRICHT

Das nördliche Skandinavien ist landschaftlich eines der abwechslungsreichsten und spektakulärsten Gebiete Europas. Erst sehr spät wurde es besiedelt, und selbst dann nur sehr zögerlich. Die geografischen Gegebenheiten waren lebensfeindlich. Während in anderen Teilen der Erde blühende Hochkulturen entstanden, hielt ein mehrere Kilometer starker Eispanzer Skandinavien und den gesamten Norden fest im Griff. Unter der riesigen Last sank die Landmasse Hunderte Meter tief in die Erdkruste hinein. Und selbst die Gebirge, in Urzeiten durch die Kontinentalverschiebung und Plattentektonik entstanden, verformten sich. Bei seiner Ausbreitung nach Süden schleppte der Gletscher Geröll und gewaltige Felsbrocken mit. Doch am Ende der Eiszeit vor etwa 8000 bis 10 000 Jahren zwang ihn die Erderwärmung, sich endgültig nach Norden zurückzuziehen. Wie ein unheimliches Ungetüm hatte er zuvor langsam, behäbig und über Jahrtausende hin alles niedergewälzt, was sich ihm in den Weg gestellt hatte. Er hobelte die Erde und die scharfen Gipfel der Berge ab, bildete neue bizarre Felsformationen, sein Gewicht grub ausgedehnte Schluchten, durch die die Schmelzwasser zum Meer hin abliefen. Und bestehende Täler sanken so tief, dass salziges Meerwasser in sie hineinströmen konnte. Dann sprengte die Wärme den Panzer. Zurück blieb die Küste Norwegens, die Wunderwelt der Fjorde, wild, zerklüftet und sturmumtost, ein Labyrinth aus Tausenden von Inseln und unzähligen Schären.

Nach dem Rückgang des Eises hoben sich die Landmassen wieder, ein Prozess, der heute noch andauert. Wo immer die Gletscherzungen über Trogtäler bis zum Meer hinabreichen und in den Gezeitenbereich gelangen, werden Fjorde sichtbar, jene wunderbare Verzahnung von Meer und Land, wie man sie auch in Neuseeland,

Chile oder Island findet. Nirgendwo aber ist die Fjordlandschaft so ausgeprägt und spektakulär wie in Norwegen. Und sie bot Schutz gegen feindliche Überfälle, an den Flussmündungen Siedlungsraum und zum Überleben einen beachtlichen Fischreichtum, selbst im Winter. Zumindest war das so in grauer Vorzeit. Wen wundert's, dass Seefahrer und Landbewohner auf primitiven Schneeschuhen diese Welt für sich entdeckt haben.

Die Wikinger

An den Gestaden Norwegens, an den Fjorden, hatten sich wagemutige Seefahrer, die Wikinger, niedergelassen. Die ursprünglichen, weit verzweigten Siedlungsgebiete reichten von Schleswig-Holstein mit dem bedeutenden Hafen- und Handelsplatz Haithabu an der Schlei über das südliche Schweden, das Gebiet am Oslofjord bis zum hohen Norden, zu den Lofoten. Dort, bei Borg, entdeckte 1981 ein Bauer beim Pflügen Überreste einer alten Siedlung aus der Zeit vor 850. Ausgrabungen, wie etwa der Grundriss eines über 80 Meter langen Gebäudes, ließen den Schluss zu, dass sich hier der Sitz eines mächtigen Wikingerhäuptlings und ein bedeutender Handelsplatz befunden hatte. Nachweise von Wikingersiedlungen stützen sich vor allem auf Ausgrabungen, die Edda und andere Sagas, sowie auf Berichte aus nichtskandinavischen Quellen.

So beginnt die Geschichte der Norweger, zumindest in der Geschichtsschreibung, mit dem Überfall auf das nordenglische Kloster Lindis-

Wie die MS Midnatsol haben alle Hurtigruten-Schiffe auch back- und steuerbord große Panoramafenster. Beim Essen sind natürlich die Tische an den Fenstern heiß begehrt.

Die achteckige und wie ein Stern angelegte Festung Vardøhus ist die östlichste und gleichzeitig die nördlichste Wehranlage Norwegens. Ihre Ursprünge liegen wahrscheinlich schon um 1300. Beim Landgang in Vardø bleibt genügend Zeit, um der Anlage einen Besuch abzustatten.

farne auf der Insel Holy Island anno 793. Im „Landnamebuch" beschrieben ist die Besiedlung Islands nach 872. Bekannt sind die Entdeckung Grönlands und Nordamerikas um die Jahrtausendwende, Kriegszüge, Eroberungen und eine reiche Handelstätigkeit. Die „Kommunikationswege" der Wikinger lagen auf dem Wasser – dem Meer und natürlich auf den Flüssen. Vom östlichen Schweden aus gelangten sie über die großen russischen Ströme zum Schwarzen Meer und nach Konstantinopel. Der Rhein trug ihre Kriegsschiffe 862/63 bis nach Köln, und zwanzig Jahre später war auch die Mosel nicht vor ihnen sicher, nachweislich tauchten sie plötzlich in Trier auf.

Schon frühzeitig hatten die Wikinger die Inselgruppen zwischen Schottland und Island, die Färöer, Shetlands, Orkneys und die Hybriden, entdeckt und auch besiedelt. Sie hatten Schottland, Teile Englands und die Bewohner Irlands in Angst und Schrecken versetzt. Im heutigen Frankreich landeten sie an der Kanalküste und an der unteren Seine. 845 fiel Paris den „Normanni" (den Nordmännern oder Normannen), wie die Wikinger in fränkischen Quellen genannt wurden, in die Hände. Sie stießen bis Spanien und 859 zur heutigen Straße von Gibraltar vor. In einigen eroberten Gebieten setzten sie sich fest, siedelten und vermischten sich, sie waren schließlich ohne Frauen auf ihren Raubzügen unterwegs, mit der einheimischen Bevölkerung. An der Kanalküste bekamen sie 911 von der französischen Krone ein ganzes Gebiet zugesprochen. Die Heiden wurden mit dem Christentum konfrontiert, das einen gewissen Einfluss erlangte. Selbst Anführer der Wikinger ließen sich, aus welchen Gründen auch immer, taufen und heirateten. Der Name Normandie hat sich bis heute erhalten.

Die einstigen kühnen Entdecker, die Plünderer und Räuber, die geschickten, Abenteuer gewohnten Seefahrer aus grauer Vorzeit hatten sich im Laufe der Jahrhunderte zu cleveren Handelsleuten (die sie mitunter auch schon früher waren) gewandelt. Die kriegerischen Raubzüge waren zu Ende.

Wettlauf zum Nord- und Südpol

Wäre es nicht seltsam, wenn die modernen Nachfolger der Wikinger Entdeckermut und -freude verloren hätten, wenn die Jahrhunderte währende Erforschung der Welt an ihnen vorbeigegangen wäre? Vierzig Prozent der Landfläche Norwegens, einschließlich der Inseln, liegen nördlich des Polarkreises. Und so waren, fast folgerichtig möchte man sagen, Nord- und

Südpol ihre bevorzugten außergewöhnlichen Ziele. Noch nie hatte sie ein Mensch betreten. Und wie könnte man sie überhaupt erreichen? 1892 wurde die „Fram", das stärkste Holzschiff der Welt, in Norwegen vom Stapel gelassen. Doch wer würde (und wollte wohl) in einer solchen „Nussschale" von 39 Meter Länge und elf Meter Breite eine Fahrt wagen? – Fridtjof Nansen. Er und seine Mannschaft, Schiffsführer war Otto Sverdrup, stachen 1893 in See. Die Eismeerfahrt sollte länger dauern als geplant. Und sie dürfte eine der spektakulärsten Geschichten der Polarforschung sein.

Nachdem die „Fram" im Packeis festgesteckt hatte und eingefroren war, verließ 1895 Nansen mit Hjalmar Johansen, drei Schlitten und Hunden das Schiff, um über das Eis zum Nordpol zu gelangen, was sich jedoch als unmöglich herausstellte. Sie überwinterten in der Eiswüste, und im Mai 1896 zogen sie mit zwei Kajaks, die sie fest zusammengebunden hatten, weiter, jetzt in Richtung Süden. Das glückliche Ende, der Zufall half mit: Ein englisches Schiff nahm die beiden an Bord und brachte sie im August 1896 sicher nach Norwegen zurück. Auch die

Die MS Nordnorge wird im Winterhalbjahr oft aus dem Linienverkehr an der norwegischen Küste herausgelöst und befährt in dieser Zeit die Gewässer der Südhalbkugel. Vor allem die Antarktis gehört zu den bevorzugten Destinationen.

Auch im Winter ist Norwegen eine Reise wert. An Bord eines Hurtigruten-Schiffes bestehen gute Chancen, das Nordlicht zu erleben.

Eigentlich wird auf Hurtigruten-Schiffen auf Animationsprogramme verzichtet. Eine Ausnahme bildet die Polarkreistaufe. Getauft wird mit eiskaltem Wasser und einer Ladung Eiswürfel.
Neptun persönlich hat sich zur Polarkreistaufe angesagt. Die Passagiere wissen zu diesem Zeitpunkt noch nicht, was sie erwartet.

„Fram", in ihrer dramatischen Situation vom Eis beschädigt, überstand mit ihrer Besatzung die Expedition.

Und nun müssten weitere Geschichten erzählt werden, die Liste der Polarexpeditionen, einschließlich der Versuche, den Nordpol zu erreichen, ist lang. Erwähnen wir zumindest die zweite Fahrt mit der „Fram" in die nördliche Einöde unter Otto Sverdrup. Er hatte mehrere Wissenschaftler an Bord. Es dauerte, da das Schiff wieder festfror – für uns in der modernen schnelllebigen Welt unvorstellbar – vier lange Jahre, bevor die Crew 1902, reich an wissenschaftlichen Erkenntnissen, zurückkehrte – bis zum Nordpol war sie jedoch nicht vorgestoßen.

Der Nordpol. Kein Norweger hatte ihn bisher betreten. Ein Amerikaner hingegen, Robert E. Peary, erhob den Anspruch, ihn 1909 erreicht zu haben. Blieb noch der Südpol! Ein weiterer Wettlauf begann. Am 15. Juni 1910 startete der Engländer Robert Falcon Scott mit der „Terra Nova" seine Südpol-Expedition. Und am 10. August 1910 verließ Roald Amundsen in „geheimer Mission", ohne zunächst seine Mannschaft zu informieren, mit der „Fram" Norwegen. Kaum hatte das Schiff die Antarktis erreicht, brachen Amundsen und ein kleines Team – er wusste ja, dass Scott mit dem gleichen Ziel unterwegs war – auf, um ihre Expedition über das Eis fortzusetzen. Und am 14. Dezember 1911 hatte er mit vier Mann und einem Hundegespann den Südpol erreicht. Als Scott am 17. Januar 1912 am Pol ankam, wehte dort die norwegische Fahne. Die Tragik: Auf dem Rückweg starben Scott und seine vier Begleiter, sie erfroren und verhungerten nur 20 Kilometer vom Camp entfernt, wo sie Lebensmittel und Brennstoff vorgefunden hätten.

Moderne Wikinger

Unser Bericht über „moderne Wikinger" und Abenteurer wäre – bei aller Beschränkung und Kürze, die in diesem Band geboten erscheint – unvollständig, sollte ein Name fehlen: Thor Heyerdahl. 1937 kamen er und seine Frau nach Polynesien, um zu erforschen, wie und woher die verschiedenen Tierarten auf diese einsamen Inseln im Pazifik gekommen waren. Nachdem er feststellte, dass Passatwinde und Meeresströmungen von Amerika aus die Inseln berührten, entwickelte er eine Theorie, die ihn fortan beschäftigte: Mensch und Tiere könnten nicht nur von Ostasien aus die Inseln erreicht haben, sondern auch vom amerikanischen Kontinent. Zehn Jahre später ließ er sich mit einer internationalen Mannschaft auf einem primitiven Balsa-Floß, das südamerikanische Indianer gebaut hatten, 8000 Kilometer über den Pazifik treiben. Sein Buch „Kon-Tiki" wurde ein Welterfolg und genauso der Film über dieses außergewöhnliche Unternehmen, der einen Oscar bekam.

Weitere Expeditionen folgten, so zu den Galapagosinseln und der Osterinsel. Spektakulär waren die Segeltouren mit den primitiven Booten „Ra I & II" – wieder nach alten Vorbildern und aus damals üblichen Materialien gebaut – Tausende von Kilometern über den Atlantik. Aufsehen erregte vor allem 1977 die Fahrt mit der „Tigris", dem größten Schilfboot. Es war 18 Meter lang und Heyerdahl ließ es aus irakischem Berdi-Schilf bauen. Nach geglückter Fahrt über den Indischen Ozean verbrannte er das Boot vor dem Roten Meer auf offener See: aus Protest wegen den dortigen Kriegshandlungen und Waffenlieferungen aus den „zivilisierten" Ländern.

Hurtigruten – eine Erfolgsgeschichte

Kehren wir aus sonnenverwöhnten Ländern, Inseln und Meeren in kühlere Gebiete zurück, zu Hurtigruten und ihrer Erfolgsgeschichte. Ein Jahr nach der Jungfernfahrt schließen sich zwei Reedereien mit ihren Schiffen der neuen Linie

Die Fahrt durch die 4,8 Kilometer lange Risoyrenna lockt viele Fahrgäste nach draußen. Diese künstlich angelegte Fahrrinne ist circa hundert Meter breit und nur sechs Meter tief.

Der Landegode-Mann auf der gleichnamigen Felsinsel kurz vor der Ausfahrt in den Westfjord ist nur bei klarem Wetter zu erkennen. Auf der rechten Seite „klettert" er die Felskante hinauf.

an. Später wird die Strecke erweitert, 1889 bis Bergen, und 1911 legt ein Staatsvertrag den Nordmeerhafen Kirkenes als Wendepunkt fest. Und diese Route besteht, abgesehen von einigen marginalen Änderungen, bis heute.

Doch verschweigen wir nicht, dass die Anfangserfolge nicht konfliktlos zu erringen waren. Die unsicheren Gewässer, Klippen, engen Passagen, Stürme, Nebel und natürlich die damaligen – gemessen an der heutigen hoch technisierten Navigationstechnik – primitiven Möglichkeiten, bei Wind und Wetter, Tag und Nacht die Schiffe durch all die Unwägbarkeiten dieser Strecke hindurch zu lavieren, forderten auch Todesopfer, denn einige Schiffe gingen unter. Später wurde die friedliche Hurtigruten-Flotte vom kriegerischen Abenteuer einer aggressiven Großmacht überrascht. Norwegen wurde von deutschen Truppen besetzt, allein fünf Schiffe wurden 1940 von den Angreifern versenkt, später bombardierten Briten und Russen Hurtigruten-Schiffe, weil sie diese irrtümlich als Versorgungsschiffe der deutschen Truppe angesehen hatten. Der Fährbetrieb musste eingestellt werden. Insgesamt neun versenkte Schiffe waren das traurige Ergebnis des Zweiten Weltkriegs.

Der Neuanfang gestaltete sich schwierig, aber schließlich mussten Güter und Bewohner transportiert werden. An Touristik war noch nicht zu denken. Doch der Lebensnerv Norwegens kam wieder in Schwung. Moderne Schiffe wurden in Dienst gestellt, natürlich mit neuester Navigationstechnik ausgerüstet. 1994 eröffnete Hurtigruten den „elektronischen Seeweg", es wird nun nach elektronischen Seekarten gefahren. Auf großen Strecken übernimmt ein Autopilot die Führung, bei An- und Ablegemanövern ist jedoch immer noch professionelle manuelle Steuerung gefragt. Mindestens fünf Jahre muss ein Kapitän die norwegischen Gewässer befahren haben (und ein Lotsenpatent besitzen), bevor er auf einem Hurtigruten-Schiff das Kommando übernehmen darf. Sicherheit ist oberstes Gesetz.

Im Laufe der Jahre änderten sich zwar Größe und Ausstattung der Flotte, aber noch immer transportieren die heutigen „Postschiffe" als eine wichtige Konstante zwischen Nord und Süd Güter und Personen, wenn auch die Post auf schnelleren Wegen – vor allem auf dem Luftweg – ihre Adressaten erreicht. Die stetig anwachsende Zahl der Passagiere, besonders der Touristen, forderten Hurtigruten, sodass schließlich die Flotte die stattliche Zahl von 13 Schiffen erreichte. Die zwei ältesten, die Traditionsschiffe „Nordstjernen" (der Nordstern) und „Lofoten", weisen als Baujahr 1956 und 1964 auf. Sie wurden modernisiert, aber der ursprüngliche, fast möchte man sagen, nostalgische Stil wurde weitgehend respektiert. Sie werden nur noch zu bestimmten Saisonzeiten eingesetzt. Holzverkleidungen in Lounges, Restaurants und zahlreichen Kabinen vermitteln Atmosphäre und einen unwiderstehlichen Charme.

Drei Schiffe, sie wurden in den 1980er-Jahren gebaut, gehören zur „Mittleren Generation". Und dann lässt Hurtigruten noch eine „Neue

Die sieben Schwestern nahe Sandnessjøen bilden eine markante Bergkette, die am besten von der Seeseite zu sehen ist. Alle zwei Jahre wird ein Wettrennen von „Schwester" zu „Schwester" veranstaltet.

Ausflug auf die Vesterålen. Vor Andenes bricht der Grund des Lofotbeckens fast senkrecht 3000 Meter unterseeisch ab. Hier findet der Pottwal ideale Lebensbedingungen.

Auf ehemaligen Walfangschiffen können heute Norwegenbesucher „Moby Dick" einen Besuch abstatten. Die Sichtungsquote beträgt über 90 Prozent.

**Seite 22/23:
Reine auf den Lofoten im Winterkleid. In dieser Jahreszeit kommen nur wenige Touristen in den hohen Norden. Die ehemaligen Fischerhäuser (Rorbuer) können jetzt preisgünstig als Unterkunft gemietet werden.**

**Seite 24/25:
Brønnøysund liegt malerisch an der Schärenküste Mittelnorwegens. Der Ort wurde vor allem als Ausgangspunkt für den Besuch des Torghatten – des „Berges mit dem Loch" – bekannt.**

KEIN ENDE IN SICHT

Hurtigruten schreibt mit der „Neuen Generation" eine Erfolgsstory und keine Ende ist in Sicht. Warum sollte Hurtigruten die traditionellen eisigen Gebiete seiner Polarforscher nicht auch touristisch erschließen? Seit mehreren Jahren werden Erlebnisreisen in jene Regionen angeboten und ausgebaut. Hatte (und hat) sich „Nordstjernen" noch mit Nostalgiereisen nach Spitzbergen begnügt, führen inzwischen „Expeditionsreisen" nach Grönland und in weitere Gebiete der Arktis und Antarktis, natürlich – und auch das sollte nicht verschwiegen werden – zu entsprechenden hohen Preisen.

Es wäre verwunderlich, würden Fahrten etwa „Auf den Spuren der Wikinger" fehlen. Doch für Reisen durch polare Regionen sind Eisbrecher oder speziell ausgerüstete Schiffe erforderlich, mit sogenannter „hoher Eisklasse", mit besonderen „Stabilisatoren" und den modernsten

Generation" folgen, die aus acht Schiffen besteht und die mit der 1993 in Stralsund fertiggestellten „MS Kong Harald" (König Harald) eröffnet wird. Äußerer Anlass war der hundertste Jahrestag der Linie. Eine gute Tradition verpflichtet eben. Aber auch die nationalen Polarforscher werden nicht vergessen. Eine Bar und ein Café sind nach Fridjof Nansen und Roald Amundsen benannt. Die norwegische Königskrone und verschiedene Varianten erinnern als schmückende Details den Passagier immer wieder daran, dass sein Schiff einen „königlichen" Namen trägt.

technischen Ausrüstungen. Und da hielt nun Hurtigruten am 19. Mai 2007 in Oslo, mit „königlicher" Beteiligung, eine Überraschung bereit. Kronprinzessin Mette-Marit taufte das neueste Schiff der Flotte, das all diese Eigenschaften besitzt – die norwegische Hurtigruten Group ASA hatte es in Italien bauen lassen – auf den Namen „Fram". Ein seltsamer Name für ein Schiff, das einer Flotte angehört, die sich ansonsten bei Taufen mit romantischen Namen schmückt, wie „Nordlys" (Nordlicht), „Polarlys" (Polarlicht) oder „Midnatsol" (Mitternachtssonne). Ein Ausländer, der in einem Wörterbuch nachschlägt, wird unter „fram" als Übersetzung das nüchterne „vorwärts" finden.

„Vorwärts", der Name ist zugleich Programm und Tradition. Wir kennen ihn schon aus der Geschichte der norwegischen Polar-Expeditionen. Heute steht die ursprüngliche „Fram", sie hat die Zeiten überdauert, in Oslo im Museum. Und wenn wir nach der Überfahrt aus Kiel einen Zwischenstopp einlegen, können wir sie besichtigen, bevor wir zur „Schönsten Seereise der Welt" aufbrechen.

Die MS Nordnorge wird nach der Fahrt durch den Gisund in Finnsnes anlegen. Der Ort ist Ausgangspunkt für Erkundungen von Senja, der drittgrößten Insel Norwegens.

HURTIGRUTEN

Fjordnorwegen – Traumhafte Fjorde, Wasserfälle und gewaltige Bergriesen

Der Floyen bietet einen fantastischen Ausblick auf die Stadt Bergen. Eine Standseilbahn (Floibanen) bringt Passagiere bequem zum Aussichtspunkt.

Fjordnorwegen – der Name könnte für Irritationen sorgen. Wer die Karte zur Hand nimmt, entdeckt Norwegen als ein Land, dessen Küste vom tiefen Süden bis zum Nordkap und zur russischen Grenze bei Kirkenes von unzähligen Fjorden geprägt ist. Doch die Norweger sprechen bei Fjordnorwegen „lediglich" von einem Gebiet, das etwa (um eine grobe Orientierung zu geben) südlich von Egersund beginnt und sich fast bis Trondheim erstreckt. Es umfasst die Küstenregionen mit den Fjorden, die weit verzweigt mit einer Länge von bis zu 200 Kilometern in das Land hinein reichen. Es schließt auch Hochebenen ein, wie die Hardangervidda, den nördlich davon gelegenen gleichnamigen Gletscher, oder, um noch einige Gletscher zu nennen, den Jostedalsbreen mit dem Briksdalsbreen. Hier sind auch, im Unterschied zu Nordnorwegen, die attraktiven Wasserfälle zu finden, die sich von steilen hohen Felsen in die Täler oder Fjorde stürzen. Die uralte Geschichte des Landes repräsentieren zahlreiche, sorgfältig renovierte Stabkirchen aus der Wikingerzeit.

Die Küstenregion gilt als eines der schönsten Gebiete Norwegens, und ab Bergen wird sie von Hurtigruten befahren mit Zwischenstopps in verschiedenen Häfen und Möglichkeiten zu gut organisierten Landausflügen.

Bryggen in Bergen. Die sorgfältig renovierten alten Hansehäuser wurden von der UNESCO zum Weltkulturerbe erklärt.

Gamle Bergen liegt heute außerhalb des Zentrums. Bei der modernen Stadtplanung waren die über 40 Holzhäuser aus dem 18. und 19. Jahrhundert im Weg. Sie wurden daher versetzt und dienen heute als Freilichtmuseum.

Die Håkonshalle in Bergen wurde eigens für die Feste von König Håkon Håkonsson gebaut und im Jahr 1261 eingeweiht. 1944 fiel der Saal bei einer Explosion zusammen. Er wurde aber originalgetreu wieder aufgebaut.

In den Räumen der Schotstuene trafen sich die – unverheirateten – Handelsleute aus Deutschland, die in diesem Teil von Bryggen ihre Schulen, Speise- und Versammlungsräume unterhielten.

Die Festung Bergenhus ist seit dem 12. Jahrhundert eine weithin sichtbare Landmarke für Schiffe, die Bergen anlaufen. An strategisch günstiger Stelle erbaut, schützte sie natürlich auch Hafen und Stadt. Heute ist die Anlage eine der Sehenswürdigkeiten Bergens.

Der Hafen von Bergen ist das Herz der Stadt. Die Produkte aus Nordnorwegen, vor allem Stockfisch, wurden von hier umgeladen und nach Deutschland und Italien verschickt. Heute legen hier vor allem Fähren, Ausflugs- und Privatschiffe an.

Die Speicherstadt Bryggen sollte kein Besucher Bergens verpassen. Die Wanderung durch die engen Holzgassen ist eine Reise in die Vergangenheit.

Im interessanten Hansemuseum bekommt man unter anderem einen Einblick in die Schlafgewohnheiten der Hanseaten. Die verschiebbaren Seitenwände der Betten erlaubten eine gewisse Privatsphäre.

SPECIAL ABENTEUER

BERGEN – DIE REISE BEGINNT

Wir waren in Bergen angekommen. Jeder für sich, und zu verschiedenen Zeiten. Wir, das heißt mein Sohn Kai-Uwe und ich. Wir sind nicht das erste Mal in Norwegen. Nun stand eine Hurtigruten-Reise auf dem Plan. Eigentlich wollten wir sie schon seit langem unternehmen. Doch unsere Meinungen gingen auseinander. Warum? Die Möglichkeiten – es waren die vielseitigen Angebote im Programm. Sollten wir von Bergen aus starten oder Kirkenes einen Besuch abstatten, und von dort aus südwärts – oder wie Hurtigruten schreibt „südgehend" – die norwegische Küste erleben? Man könnte auch lediglich eine Teilstrecke buchen. Mit oder ohne Auto? Mit Kind und Kegel, wie es im Deutschen so schön heißt, also: mit oder ohne Familie? Schließlich fällten wir ein Urteil, oder besser: den besten Kompromiss. Wir wollten unbedingt mehrmals die Strecke befahren, nord- und südgehend, sie auch unterbrechen, einige Ausflugsangebote von Hurtigruten nutzen, aber zugleich das Auto nicht vergessen, und natürlich nicht nur im Sommer reisen.

Kai-Uwe wollte unbedingt eine „vollständige", eine nord- und südgehende, erholsame „Abenteuer"-Reise, und dann noch mit Frau und Kind starten. Und der Vater, also ich, hatte ja auch eine Frau, die nicht allein daheim bleiben sollte. Gemeinsame „Familienausflüge" waren nichts Ungewöhnliches für uns, ob auf Island oder in Südafrika. Etwas bescheidener: zu fünft in einer Kabine während der Überfahrt von Kiel nach Oslo; auf Campingplätzen in freundlichen „Hütten", wie die Norweger ihre festen Unterkünfte nennen, zu Ostern oder im Herbst. Wir waren in Norwegen oft unterwegs und – noch ist kein Ende in Sicht. Wäre das Wort nicht negativ belastet, man müsste einfach sagen: dieses Land, es kann süchtig machen.

Mitte:
Bryggen, zu deutsch „Brücke", die wunderschöne alte Speicherstadt Bergens, ist zugleich eine „Ladenstraße".

Unten:
Im Sommer kommt neues Leben in das alte Hafenviertel mit seinen Kontorhäusern aus Holz: Bryggen als Festmeile.

Hochsommer in Norwegen: Unbeschwertheit und Lebensfreude steht auch den Menschen in Bergen ins Gesicht geschrieben.

Fisch ist ein unverzichtbarer Bestandteil des norwegischen Speiseplans. Gut besucht sind daher die Fischmärkte mit täglich fangfrischer Ware.

Bier- und Weinrestaurant auf der Bryggen. – Norwegen ist für seine restriktiven Alkoholgesetze bekannt, mittlerweile haben jedoch fast alle Restaurants eine Ausschankgenehmigung für Bier und Wein.

Unten:
Die Festung Bergenhus markiert den Eingang zum Hafen.

Die alte Hansestadt Bergen

Salopp ausgedrückt: In Bergen ist immer etwas los. Im Sommer auf den Straßen, den Plätzen, am Kai und natürlich in der Umgebung. Und das heißt in Bergen auf dem Wasser, den zahlreichen Inseln, in den Fjorden und auf den Bergen (ein seltsames Wortspiel bei einer Stadt, die diesen Namen trägt). Die uralte Hafen- und Handelsstadt kann auf sieben Anhöhen (die höchste mit 642 Metern) verweisen. Die erste Touristenattraktion ist denn auch die historische Seilbahn, die sich „Fløibanen" nennt und im Sommer vom zeitigen Morgen bis Mitternacht verkehrt. Besucher können sich auf stattliche 320 Meter über den Meeresspiegel transportieren lassen. Ein wunderbarer Panoramablick über die Stadt am Wasser und die Inseln – irgendwo im Westen leuchtet das Meer – ist der Lohn dieser geruhsamen Tour. Anders schon das quicklebendige Durcheinander

33

Der neue Hurtigruten-Terminal am Hafen von Bergen. Hier beginnt für viele das Abenteuer Hurtigruten.

Am Check-in-Schalter in Bergen. Nach Vorlage der Reisedokumente kann man hier sein Gepäck aufgeben, das dann auf die Schiffe verladen wird.

Nachdem das Gepäck und die übrige Fracht verladen worden ist und auch die Gäste an Bord Platz genommen haben, kann der erste Abschnitt der Hurtigrutenreise beginnen.

Vielbesuchtes Reiseziel in der Umgebung von Bergen ist Troldhaugen, das ehemalige Wohnhaus Edvard Griegs.

an der Kaianlage „Bryggen": Gedränge, Holztische natürlich voller Getränke und Speisen und Bänke, auf denen kaum noch ein Platz zu kriegen ist. Kioske und Marktstände werden von Menschentrauben umringt. Ich versuche – behutsam – aus einem Kreis fröhlicher Biertrinker zu entkommen. Die Sonne scheint und ganz Bergen, scheint mir, ist hier versammelt. Wer weiß, was sie feiern, ein Grund, eine Gelegenheit findet sich immer. Der Winter war lang genug. Und plötzlich ein ohrenbetäubender Krach, ein Schuss aus nächster Nähe und über mir eine Qualmwolke, die aus einer historischen Kanone quillt. Salut von der „Håkonshallen" (erbaut 1247–1261) für ein Schiff, denn in der Ferne tauchen mächtige Segel auf. Es ist eine Tradition aus alten Zeiten, als Bergen noch ehrwürdige Residenzstadt war.

Es wäre schade, hier nur einen Zwischenstopp einzulegen, um dann im Eiltempo sein Schiff zu erreichen, das um 20.00 Uhr ausläuft. Und das wissen auch die Hurtigruten-Veranstalter, sie bieten eine „Verlängerungstour" vor oder nach der Reise an, um die Umgebung genauer zu erkunden.

Auch wir bleiben zunächst in der Königsstadt, die 1070 gegründet wurde und sich später zu einer prosperierenden Hansestadt entwickelte. Gleich an der Kaipromenade sind die sorgfältig renovierten Holzhäuser aus dem Mittelalter zu bewundern. Schon in der ersten Hälfte des 14. Jahrhunderts hatten hier vor allem auch deutsche Handelsleute ihre Niederlassungen gegründet. Sie sind bekannt als „Bryggen" und wurden von der UNESCO als Weltkulturerbe ausgezeichnet. Für uns ist es beeindruckend, wie sorgsam Geschäfte und Gaststätten in die historischen Bauten eingefügt sind. Historie und Gegenwart in einer gelungenen Symbiose. Ach ja, und der Fischmarkt, der liegt auch gleich in der Nähe. – Eine liebenswerte Stadt.

Ausflüge in Bergens Umland

Nur zehn Minuten Fahrt. Zwar werden wir nicht Griegs „Hochzeitstag auf Troldhaugen" erleben, doch immerhin den ehemaligen Wohnsitz Edvard Griegs am Nordås-See besichtigen können, seine „Komponistenhütte" und – die außergewöhnliche Grabstätte. Er ließ sich gemeinsam mit seiner Frau in einem Felsen bestatten, direkt über dem See.

Und nun kommen wir – oder sagen wir manche Besucher – in Entscheidungsschwierigkeiten. „Landgang rund um Bergen" nennt Hurtigruten seine Ausflüge, gleich drei an der Zahl, per Bahn und Boot. „Norwegen in der Nussschale" heißt ein Slogan der Norweger, vielleicht ein wenig übertrieben, aber eine Fahrt mit der Flåm-Bahn auf einer Kurzstrecke vom Meeresspiegel bis auf 865 Meter Höhe, selbstverständlich mit einem Halt an einem beeindruckenden Wasserfall, sollte man sich nicht entgehen lassen. Und der Sognefjord, mit 204 Kilometern der längste Fjord, ist sicher auch ein lohnendes Ausflugsziel. Ganz zu schweigen von seinen imponierenden 1000 Meter hohen Berghängen. Sie zumindest können wir bewundern. Denn unter seiner Wasseroberfläche – natürlich für uns nicht sichtbar – ist teilweise nochmals eine Tiefe von über 1000 Meter gemessen worden.

Nun ja, vielleicht muss man eben doch nicht alles sehen. Aber schon nach einer ersten Rundfahrt sollte man vorsorglich einen Blick auf den Inhalt seiner Geldbörse werfen oder den Kontostand im Auge behalten. Wir sind schließlich erst am Anfang unserer Reise.

Links:
Eine Statue Edvard Griegs würdigt den weltberühmten Komponisten, der den Ruf Bergens als Kulturhauptstadt Norwegens begründet hat.

Oben und ganz links:
In die „Komponistenhütte" zog sich Edvard Grieg zurück, um ungestört zu musizieren.

Ganz links:
Das Arbeitszimmer in der „Komponistenhütte".

Links:
Das Haus Edvard Griegs dient heute als Museum. Im Speise- und Wohnzimmer kann man die ursprüngliche Einrichtung bewundern und erhält so einen authentischen Einblick in das Leben des Komponisten.

Måløy lebt von der Fischereiindustrie. In diesem Hafen ist kein Landgang vorgesehen, doch auch von Bord aus kann man das Hafenstädtchen in Ruhe betrachten.

Den Ort Florø erleben Hurtigruten-Passagiere am zweiten und am zwölften Tag der Rundreise. Die große Attraktion des Ortes ist das Küstenmuseum.

Ålesund liegt auf mehreren Inseln an der Mündung eines weitverzweigten Fjordsystems. Daher befinden sich viele Häuser direkt am Wasser. Da fehlt nur noch eine Portion Schnee, und fertig ist die perfekte Winteridylle – und Schnee gibt es im norwegischen Winter ja zu Genüge.

Ein kleines Abenteuer: Winteraufstieg zum Aussichtspunkt auf dem Berg Aksla über Ålesund. Von dort hat man einen wunderbaren Blick über den Dreiklang von Stadt, Land und Meer.

Ålesunds malerische Lage auf mehreren Inseln zieht vor allem im Sommer die Besucher an. Die prachtvollen Bauten mit ihren farbenfrohen Fassaden weisen eine faszinierende Vielfalt von Elementen des Jugendstils auf.

1904 von einem Großfeuer vernichtet, wurde Ålesund innerhalb von drei Jahren im modernen Jugendstil erneut aufgebaut. Der Jugendstil ist auch heute noch allgegenwärtig.

Unbedingt empfehlenswert: Ein Spaziergang durch die Kongensgate mit ihren Jugendstilfassaden. Zahlreiche verspielte Elemente dieser Architekturrichtung kann der Besucher entdecken.

Ålesund hat einen günstigen Hafen für Hurtigruten, Schnellboote und Fischkutter und ist Norwegens bedeutendster Fischereihafen.

Seite 40/41:
Kreuzfahrtschiffe geben sich im Sommer im Geirangerfjord „die Klinke in die Hand". Das Dörfchen Geiranger erlebt dann jedes Mal eine kleine touristische Invasion, verliert dabei aber nie seinen Charme.

SPECIAL ABENTEUER

Im Sommer ein „Muss": Geirangerfjord und Trollstigen

Der zweite Tag auf der nordgehenden Tour mit Hurtigruten wird spannend. Unsinn, korrigiere ich mich in Gedanken gleich, bei einer Reise, die jeden Tag Neues, Aufsehenerregendes zu bieten hat. Unser Schiff legt in Ålesund an. 1904 von einem Großfeuer vernichtet, wurde die Stadt innerhalb von drei Jahren im damaligen modernen Jugendstil, allerdings nun in Stein, erneut aufgebaut. Vom Berg Aksla hat man einen wunderbaren Blick über den Dreiklang von Stadt, Land und Meer.

In den Sommermonaten – etwa von Mitte April bis Mitte September – wird hier der Hurtigruten-Kurs erweitert für einen Abstecher in den malerischen Geirangerfjord. Ein wunderbares Erlebnis ist schon die lange Fahrt durch den Storfjord, bevor das Schiff in den Geirangerfjord einschwenkt. Mitunter ragen die Berghänge fast senkrecht in die Höhe, bis 1000 Meter sind sie hoch. Verlassene Berghöfe scheinen, von unten betrachtet, fast vom Felsen zu kippen. Noch eindrucksvoller ist nur der Wasserfall „Die sieben Schwestern". Er rauscht in sieben Strömen den Felsen hinab. Der Wind weht stark und wir spüren, wie er den leichten Wasserschleier bis zu uns auf das Deck herüberträgt. Am Ende des Fjords erreichen wir Geiranger, das in einem riesigen Felsenkessel

Mitte:
Auf steilen Bergpfaden kann man die den Geirangerfjord umgebenden Berge mühsam erklimmen. Viele Touristen beim Landgang in Geiranger ziehen jedoch den Bus vor. Beeindruckende Blicke auf den Fjord bekommt man so oder so.

Oben:
Große Kreuzfahrtschiffe und kleine Ausflugsdampfer beleben den Fjord im Sommer.

Rechts:
Für alle an Bord gibt es etwas zu bestaunen.

Ganz rechts:
Der Wasserfall „die sieben Schwestern" in voller Höhe.

Besucher sind in Geiranger gern gesehen, der kleine Ort lebt vom Tourismus.

Der Trollstigen birgt seine eigenen Gefahren.

Bevor man die Passhöhe mit der Aussichtsplattform erreicht, muss man am Trollstigen elf Spitzkehren und weit über 800 Höhenmeter überwinden.

Trollstigen, die Trollleiter, bringt nicht nur den Busfahrer ins Schwitzen; oben angelangt, wird man mit einem herrlichen Ausblick belohnt.

liegt. Hunderte von Schiffen und Fähren zieht es jährlich in diese Landschaft, die von der UNESCO dem erhaltenswerten Weltkulturerbe zugerechnet wurde. Und Geiranger kann manchmal die Touristen kaum fassen, denn die Zufahrt ist auch über ausgedehnte Serpentinen mit dem Bus oder Pkw möglich – mit Zwischenstopps, auf denen die Kameras gezückt werden.

Meine persönlichen Erinnerungen an Serpentinen und Geiranger: Vor Jahren erkundeten meine Frau und ich mit dem Auto Land und Fjord. Und bekamen einen Vorgeschmack auf all die Haarnadelkurven an steilen Hängen, an denen Norwegen nun wahrlich nicht arm ist. Kurz vor Geiranger räkelt sich der Dalsnibba 1495 Meter in die Höhe. In einer halsbrecherischen Fahrt (was getrost wörtlich genommen werden kann – und wofür man auch noch Maut zu bezahlen hat) ist er auf einer schmalen Straße zu erklimmen, sofern der Gegenverkehr nicht stört. – Wir hatten es geschafft. Und Busse auch! Der weite Blick über die Bergwelt war fantastisch, und dass wir kein freies Zimmer fanden, war gar nicht so schlimm. Wir hatten unser „Notgepäck" im Wagen: das Zelt, und die Nacht am Fjord wurde unvergesslich.

Gegenwart. Wir werden ausgetendert, wie es in der Fachsprache heißt, also an Land gebracht, denn wir haben einen Landausflug gebucht. Vom Boot steigen wir um in einen Bus und schon beginnt die Fahrt auf einer Serpentine und dann – zu einer weiteren Serpentine, zur Trollleiter (Trollstigen), die sich mit einer Steigung von zwölf Prozent den Berg hinaufschlängelt. An den Haarnadelkurven haben die Busse ihr Problem und in den Bussen so einige Passagiere. Dafür wird man mit atemberaubenden Ausblicken über die umliegenden Bergketten belohnt.

So schön die Fahrt, so schön ist es für manchen, als der Bus wieder flaches Land erreicht. In Molde, der „Stadt der Rosen", können die Landausflügler, reich an Erlebnissen und neuen Eindrücken, wieder das Schiff betreten.

Linke Seite:
Der Touristenort Geiranger aus der Luft. In den Sommermonaten fahren kleine Ausflugsboote von hier in den Fjord hinaus. Die Reisegäste erfahren auf diesen Touren in mehreren Sprachen Wissenswertes über die spektakuläre Natur.

Skageflå ist einer der ehemaligen Bauernhöfe über dem Geirangerfjord. Er ist nur beschwerlich zu Fuß zu erreichen. Private Initiativen kümmern sich heute um den Erhalt der alten Fjordhöfe.

Vor der Einfahrt in den Geirangerfjord durchfahren Schiffe der Hurtigrutenflotte das türkisfarbene Wasser des Sunnylvsfjords.

Hurtigruten-Passagiere schwärmen nach ihrer Rundreise oft vom magischen Licht des Nordens. In den Sesseln der Panoramasalons lässt sich dieses besonders bequem erleben.

Von der großzügigen Brücke haben Kapitän und erster Offizier der MS Richard With den Überblick. Navigation und Steuerung erfolgt mit modernster Computertechnik.

Die MS Midnatsol wurde in Norwegen gebaut und im April 2002 in Hamburg getauft. Das moderne Schiff hat 650 Betten und ist für 1000 Passagiere ausgelegt.

Viele Hurtigruten-Gäste bevorzugen die gemütliche Reise im Panoramasalon. Hier die Einfahrt in den Trollfjord.

SPECIAL ABENTEUER

Reise mit Hurtigruten – die Atmosphäre an Bord

Mitte:
Die Hurtigruten haben einen straffen Zeitplan. Innerhalb von fünfeinhalb Stunden müssen die Schiffe in Bergen neu beladen werden, bevor die nächste Fahrt Richtung Kirkenes beginnt.

Unten rechts:
Für gehobene Ansprüche: Zugang zu den Suiten auf der MS Trollfjord.

Unten:
Mit dem Check-in an der Rezeption auf der MS Trollfjord beginnt die Reise.

„Guten Tag, meine Damen und Herren. Das nordgehende Hurtigruten-Schiff MS Midnatsol ist nun zur Abfahrt bereit. Unser nächster Hafen ist Florø, den wir etwa um 2.00 Uhr erreichen."

Mit dieser Durchsage, die zuvor schon in Norwegisch und Englisch gegeben wurde, beginnt unsere Reise mit Hurtigruten in den hohen Norden. Bald sind die Leinen gelöst und pünktlich um 20.00 Uhr Ortszeit legt die MS Midnatsol vom schicken neuen Hurtigruten-Terminal ab. 1250 Seemeilen bis zum Wendepunkt Kirkenes an der russischen Grenze, 34 Häfen und eine der schönsten Seereisen der Welt liegen vor uns. In sechs Tagen werden wir den hohen Norden erreicht haben und dann dieselbe Strecke zurückfahren, wenn auch die Häfen auf der südgehenden Tour zu anderen Tages- und Nachtzeiten angelaufen werden.

Das Check-in verläuft problemlos. Nach der Vorlage unserer Reisedokumente wird uns eine Magnetkarte ausgehändigt, die unseren Namen trägt: Bordkarte und Kabinenschlüssel zugleich. Bei Landgängen werden wir mit ihr über ein elektronisches System aus- und einchecken. Anfangs hilft die

In Bergen nimmt das Schiff die neuen Passagiere auf. Spektakuläre Naturschönheiten auf 1250 Seemeilen bis zum Wendepunkt Kirkenes liegen vor den erwartungsfrohen Gästen.

Über eine seitliche Luke steigen Passagiere in den meisten Häfen ein und aus, während die großen Güter verladen werden.

Auch wenn die Post heute schneller auf dem Luftweg zugestellt wird, bieten die Hurtigruten-Schiffe noch immer die beste Möglichkeit, schwere und sperrige Fracht zu transportieren.

Schon bei der Ankunft auf den Schiffen kann der Gast Komfort genießen. Das Gepäck wird in Bergen wie in einem guten Hotel auf die Kabinen gebracht.

Auch für Familien mit Kleinkindern ist die Schiffreise ein schönes Erlebnis.

Dusche und Toilette in einer Kabine mit gehobener Ausstattung.

Die Standardkabine auf einem Hurtigruten-Schiff.

Crew, die freundlich und routiniert ihren Dienst verrichtet. Ein Förderband transportiert unser Gepäck in den Bauch des Schiffes, und Gepäckträger verteilen die Reisetaschen auf die Kabinen. Als wir unsere Zimmernummer gefunden haben, liegen sie erfreulicherweise schon vor der Tür. Die Norweger machen es uns leicht, an Bord des schönen Schiffes heimisch zu werden.

Eigentlich ist jetzt um diese Zeit das Abendessen angesagt. Aber zuerst muss natürlich das Schiff inspiziert werden, und die Ausfahrt zwischen den Inseln hindurch bis zum offenen Meer will auch niemand verpassen. Die Crew kennt diese seltsame Begeisterung der Passagiere gleich zu Beginn der Reise für kleine Inseln und einsame Häuser am Wasser, obwohl diese Ansichten während der Reise fast zur Alltäglichkeit werden. Allerdings sind sie immer wieder neu und anders im Licht der nördlichen Sonne, die selbst hier am südlichsten Punkt unserer Reise lange nicht untergehen will.

Doch nun wird es Zeit zum Essen, das für Rundfahrtgäste einem bestimmten Rhythmus unterliegt. Im Restaurant ist stets derselbe Esstisch reserviert. Die Ausnahme: das Frühstück. Wer will schon seinen Gästen zumuten, stets zur gleichen Zeit aufzustehen. Ansonsten wird in „Schichten" gegessen, um bei der Vielzahl der Passagiere einen reibungslosen Ablauf zu gewährleisten. Am Abend steht ein mehrgängiges Menü à la Carte zur Auswahl. Eine Hurtigrutenfahrt bedeutet immer auch zwölf Tage Vollverpflegung mit allerlei nordischen Spezialitäten und Leckereien. Wir ahnen es schon, zum Abnehmen wird die Fahrt wohl nur bedingt geeignet sein. Doch gegen überflüssige Pfunde hat Hurtigruten Vorsorge getroffen. Man kann sich im Fitnessraum trimmen oder in der Sauna entspannen.

Das Leben an Bord mit seiner einladenden Atmosphäre bietet alle Annehmlichkeiten. Diese Tatsache, verbunden mit der Fahrt durch wahre Traumlandschaften, da sind wir uns sicher, wird die Reise auch für uns zur schönsten Seereise der Welt machen.

Wer eine Luxussuite mit eigenem Panoramafenster und Balkon auf der Rundreise bewohnen möchte, muss tief in die Tasche greifen. Hier eine Kabine auf der Heckseite der MS Trollfjord.

Luxussuiten haben neben einem Flur und einem Wohnzimmer auch einen abgetrennten Schlafraum und natürlich ein großzügiges Bad.

Ganz links:
Mit Sinn fürs Detail: die Kabinenbezeichnungen.

Links:
Luxus auf einer Rundreise, das eigene Bad. Auf einer Hurtigrutenreise ist aller Komfort möglich. Ob man sich das leisten kann und möchte, muss man selbst entscheiden.

Ganz links:
Wer nicht genug bekommen kann von den herrlichen Ausblicken, die die Schiffsreise bietet, kann gegen Aufpreis eine Kabine mit Ausblick in Fahrtrichtung buchen.

Links:
Jede Suite und damit auch jedes Bad hat ihr eigenes Gesicht.

Man muss nicht jeden Landgang mitmachen. Auch an Bord kann man es sehr gemütlich haben. Für die Reise mit Kindern können in den Kabinen zusätzliche Kinderbetten aufgestellt werden. Es empfiehlt sich die Buchung einer etwas größeren Kabine.

Molde an der Nordwestküste von Møre og Romsdal wurde während des Zweiten Weltkriegs stark beschädigt. Heute ist es modern wieder aufgebaut und international bekannt für eines der renommiertesten Jazzfestivals Skandinaviens.

Aufgrund des warmen Golfstroms verfügt Molde über ein mildes Klima. Nördlich des 62. Breitengrades wachsen hier Ahorn, Linde und Rosskastanie. Ihren Beinamen bekam die „Rosenstadt" aber von den wunderschönen Blumen, die hier überall gedeihen.

Auch wenn es auf den ersten Blick so wirkt; kein Segelschiff – sondern ein Hotel in Molde. Seine Schönheit verdankt die „Rosenstadt" vor allem ihrer Lage zwischen Meer und Gebirge.

Am Kai von Molde enden die Überlandausflüge aus Geiranger. Am Ende des Landgangs bleibt noch genügend Zeit für einen kleinen Stadtbummel, bevor das Hurtigrutenschiff seine Fahrt wieder aufnimmt.

HURTIGRUTEN

Von Kristiansund bis zum Polarkreis – Norwegens schlanke Mitte

Die Landschaft verändert sich. Erste Anzeichen waren von See aus schon auf der Strecke nach Kristiansund zu bemerken, wo Kraftfahrer die reizvolle Atlantikstraße, die entlang der Küste von Inselchen zu Inselchen führt, nutzen können. Die hohen steilen Berge, die bisher die Fjorde säumten, sucht man hier vergebens. Und kurz vor Trondheim scheinen die westlich der Küste vorgelagerten Inseln Smøla und Hitra, eben und bewaldet, einer anderen Welt anzugehören. Auch Trondheim an der Mündung des Nidelvs, der langgestreckte Trondheimfjord und die Umgebung weisen keine höheren Berge auf. Weiter zum Norden hin: Hügel und flache, mitunter idyllische, bewaldete Landschaften. Seen, aus Fjorden entstanden, als sich das Land, befreit von der gewaltigen Last des Eispanzers, wieder hob, wechseln sich ab mit lachsreichen Flüssen. Die für Norwegen typischen Schären und Fjorde, nicht in der ausgeformten überwältigenden Mächtigkeit wie im Süden, prägen auch weiterhin die zerklüftete Küste. Die Vegetation wird spärlicher. Und dann liegt ein Gletscher dicht am Meer, direkt am Polarkreis, ein deutliches Zeichen, dass das Nordland beginnt.

Die MS Richard With im Hafen von Brønnøysund. Das Schiff ist nach dem Gründer der Postschifflinie benannt. Seiner historischen Tat, der Entwicklung eines nachttauglichen Navigationssystems, ist ein beeindruckendes Glasbild an der Salondecke gewidmet.

Die Festung Munkholmen liegt strategisch günstig vor der Hafeneinfahrt von Trondheim. Einst stand auf diesem Inselchen das Nidarholm-Kloster, heute ist nur noch dessen Rundturm zu sehen.

Trondheim ist die drittgrößte Stadt des Landes. Sie liegt an der Mündung des Flusses Nidelva am Trondheimsfjord, circa 70 Kilometer vom offenen Meer entfernt. Im Hintergrund ist Munkholmen gut zu erkennen.

Die Skyline Trondheims wird vom Nidaros-Dom dominiert. Er wurde im 11. Jahrhundert über dem Grab Olavs des Heiligen gegründet und ist heute Krönungsstätte der norwegischen Könige.

Der Bootshafen am Nidelva im Winter. Von hier sind es nur wenige Minuten zu Fuß bis in die Innenstadt Trondheims.

SPECIAL ABENTEUER

Alte Königsstadt und alte Geschichten – Trondheim und Trolle

Die Fahrt von Kristiansund (Abfahrt 1.45 Uhr) nach Trondheim hatten wir verschlafen. Eigentlich schade, denn so richtig dunkel wird es im Sommer in diesen Breiten nicht und es gibt immer etwas zu sehen. Doch irgendwann fallen einem eben doch die Augen zu. Auf der südgehenden Tour, die am „helllichten" Tag hier vorüberführt, können wir alles nachholen. Es ist schon gut eingerichtet, dass man die Strecken, die von den Schiffen nachts absolviert werden, auf der Rückfahrt am Tag genießen kann.

Die Einfahrt nach Trondheim am frühen Morgen verspricht Zeit für einen Landgang, und natürlich wissen wir schon im Voraus, was wir besichtigen werden. Hier wurde Geschichte geschrieben.

Schon um die Wende zum zweiten Jahrtausend mauserte sich Nidaros, das heutige Trondheim, zur (wenn auch bescheidenen) Königsstadt. Und 1030 fand ganz in der Nähe, bei Stiklestad, eine für Norwegen bedeutsame Schlacht statt, in der König Olav Haraldsson fiel. Er hatte das Christentum durchgesetzt und die Einheit Norwegens erreicht. Nach seinem Tod wurde er heilig gesprochen, und Anno Domini 1070 begann man über seinem Grab den Dom zu errichten. Bald besuchten fromme Olav-Pilger das Grab des Heiligen.

Wir hingegen hatten das Schiff verlassen, um den Dom zu besichtigen. Wie das ist mit historischen Gebäuden, so auch beim Nidaros-Dom: Er wurde aus- und umgebaut, zwischendurch verfiel er nach mehreren Bränden. Schließlich wurde er gründlich renoviert. Heute ist er das größte mittelalterliche Bauwerk Skandinaviens. Er ist Krönungskirche, und neun Könige haben dort ihre letzte Ruhestätte gefunden. Das Westportal mit den 75 Skulpturen aus der Neuzeit ist die beeindruckende „Schauwand". Sofern die Zeit reicht, lohnt ein Spaziergang durch die malerischen Holzhausviertel und zu den alten Speicherhäusern am Nidelv, und selbstverständlich lädt die drittgrößte Stadt Norwegens auch zu einem längeren Aufenthalt ein.

Mitte:
Der Nidaros-Dom von Trondheim ist der größte Kirchenbau Skandinaviens. Die Westfassade ist reich verziert und verbildlicht mit den zahlreichen Statuen von norwegischen Königen und Bischöfen ein Stück norwegische Geschichte.

Rechts:
In Trondheim liegen das nord- und das südgehende Schiff der Hurtigruten über mehrere Stunden zeitgleich im Hafen.

Unten:
Torghatten, der sagenhafte Berg mit einem Loch.

Wieder an Bord, nimmt das Schiff Kurs gen Norden auf. In der Nähe von Brønnøysund hat Hurtigruten eine kleine Schleife eingeplant. Der Grund? Ein riesiges Loch, mitten durch einen beachtlichen Berg, der „Torghatten" (der Hut) heißt. Niemand weiß, wie es entstanden ist. Doch eine Legende, die Volksweisheit aus alten Zeiten, hat die Erklärung gefunden: Ein Troll – er war schuld! Warum nur wollte er eine der sieben Jungfrauen des Trollkönigs heiraten? Sie flohen vor ihm, waren unerreichbar, und in seinem Zorn darüber schoss er einen Pfeil gegen sie ab, um sie zu töten. Doch der wachsame Retter, der Trollkönig, war nah. Er warf seinen Hut, um den Pfeil abzuwehren, und der Hut fiel, vom Pfeil durchbohrt, zur Erde. In diesem Moment ging die Sonne auf, und alles wurde zu Stein. Die Jungfrauen sind noch heute zu sehen; als „sieben Schwestern" bilden sie eine Bergkette. Wir fahren an ihnen vorbei.

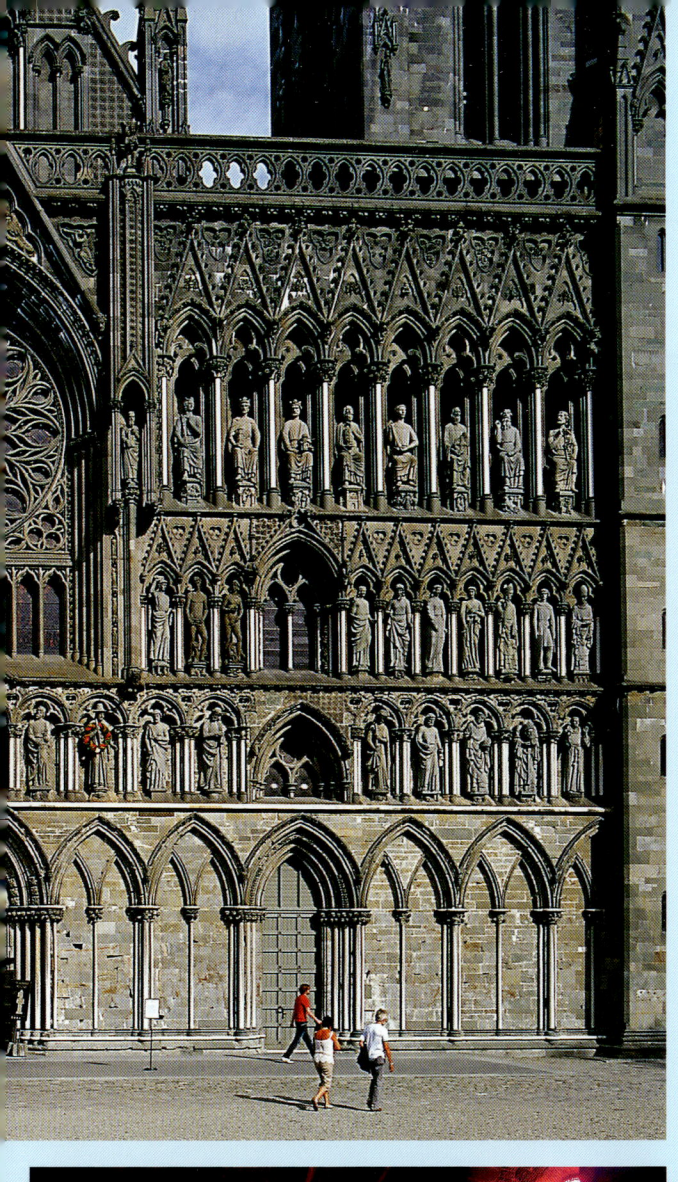

Der Nidaros-Dom von Trondheim prägt viele Stadtansichten. Über Jahrhunderte kamen Pilger aus ganz Europa zum Dom. Ihr Ziel war das Grab Olavs des Heiligen, der den christlichen Glauben in Norwegen durchsetzte.

Zu Ehren des Heiligen Olav werden auch heute noch Festspiele abgehalten. Die Olavstage finden alljährlich Ende Juli/Anfang August statt. Dann gibt es Konzerte, Ausstellungen und Theateraufführungen.

Ganz links:
Die St.-Georgs-Kapelle im Nidaros-Dom ist um einiges beschaulicher als das mächtige Haupthaus.

Links:
Anlässlich der Olav-Festtage sieht man zahlreiche Menschen in historischem Gewand.

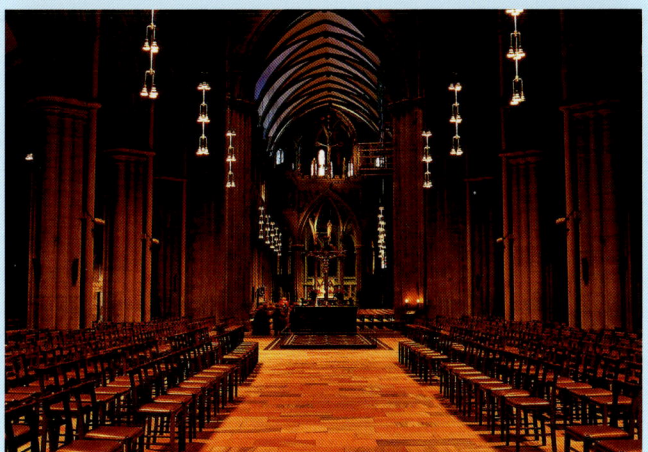

Ganz links:
Der Nidaros-Dom beeindruckt durch seine imposanten Maße: 102 Meter Länge, 50 Meter Breite und 21 Meter Höhe misst das Kirchenschiff des Gotteshauses, das im romanischen und gotischen Stil errichtet wurde.

Links:
Während der Olav-Festtage kann man auf dem Mittelaltermarkt alte Handwerkskünste erleben und zahlreiche Vorführungen, wie die Ritterspiele.

Seite 60/61:
Kristiansund wurde über drei Inseln gebaut. Heute ist die Stadt durch eine Brücke und einen Tunnel mit dem Festland verbunden.

Rørvik liegt geschützt im Schärengarten der Kommune Vikna. Das Städtchen bildet den Verkehrs- und Handelsknotenpunkt dieser Gegend.

Höhepunkt dieser Passage ist das Durchfahren der 700 Meter langen und 41 Meter hohen Brücke kurz vor Rørvik, die den Schärengarten mit dem Festland verbindet.

Architektonisch äußerst interessant ist das Küstenmuseum von Rørvik. Es beherbergt eine umfangreiche seehistorische Sammlung und Exponate aus der Woxeng-Sammlung.

Die Ausstellung im Küstenmuseum ist modern und sehr ansprechend gestaltet. Beim Stopp im Hafen bleibt genügend Zeit für einen Rundgang.

Auf allen Schiffen der Hurtigruten-Flotte legt man großen Wert auf gute Verpflegung. Bei all diesen Delikatessen und Leckereien fällt es schwer, die „schlanke Linie" zu wahren.

Fisch ist ein wesentlicher Bestandteil der Ernährung in Skandinavien. An Bord der Hurtigruten-Schiffe wird er in allen erdenklichen Variationen gereicht.

Meisterköche und zahlreiche versierte Helfer sorgen für das leibliche Wohl der Gäste. Die Speisen an Bord sind nicht nur sehr schmackhaft sondern werden auch ansprechend angerichtet.

Jung und alt lassen es sich gleichermaßen schmecken. Bei der großen Auswahl ist für jeden etwas dabei.

Vor der Einfahrt in den engen Stokksund müssen die Hurtigruten-Schiffe hupen, um entgegenkommende Schiffe zu warnen. Der Zick-Zack-Kurs ist nicht einzusehen.

Gleich hinter diesem Abschnitt biegt der Stokksund im Winkel von fast 90 Grad nach backbord ab. Die Kapitäne vollziehen hier ein spektakuläres Fahrmanöver.

Ein markanter Punkt auf der Hurtigrutenreise ist der rot leuchtende Kjeungskjær-Fyr. Der Leuchtturm liegt an der Einfahrt in das mit Tausenden Schären übersäte Gebiet Frohavet.

Fischfarmen könnten eine Alternative für die einheimischen Fischer sein. Auch vor Norwegens Küsten gehen die Fischbestände immer mehr zurück.

Passagiere, die den Svartisen-Gletscher besuchen möchten, werden an der Insel Grønøy ausgetendert. Das Manöver kann jedoch nur bei gutem Wetter durchgeführt werden.

Der Ausstieg aus dem Hurtigruten-Schiff erfolgt über eine kleine Luke. Das Ausflugsboot fährt dann durch die Meerengen des Holandfjords bis zum Fuß des Svartisen-Gletschers.

Der beeindruckende Svartisen-Gletscher liegt genau auf dem Polarkreis. Es ist der zweitgrößte des Landes. Der Svartisen-Gletscher ist sowohl von See als auch von Land aus zu erreichen.

Seinen Namen „Schwarzeis-Gletscher" hat der Svartisen-Gletscher bekommen, weil in einem bestimmten Einfallwinkel der Sonne das Eis schwarz schimmern soll. Soweit eine Theorie. Seine ganze Pracht entfaltet das Eis allerdings im weichen Licht des Abends.

Seite 70/71:
Der Legende nach soll das Loch im Torghatten entstanden sein, als ein abgewiesener Freier eine der sieben Jungfrauen des Trollkönigs töten wollte. Dieser wehrte mit seinem Hut den Pfeil ab, der den Torghatten (Hut) durchbohrte, aber die Jungfrauen nicht erreichte.

Linke Seite:
"Die sieben Schwestern" bei Sandnessjøen sollen die versteinerten Jungfrauen des Trollkönigs sein, die sich nicht rechtzeitig vor dem Tageslicht versteckt haben.

Um das Loch im Torghatten nahe Brønnøysund zu sehen, fahren die Hurtigruten-Kapitäne extra einen Umweg. Eine Wanderung führt zu diesem schönen Berg.

Linke Seite:
Kraftvolle Dieselmotoren treiben die MS Midnatsol bei Ihrer Ausfahrt aus Brønnøysund an. Die Hauptmotoren entwickeln eine Leistung von 4140 KW (über 5600 PS), was dem Schiff eine Geschwindigkeit von bis zu 18 Knoten gestattet.

Die Küstenstraße R 17 verläuft wie hier bei Brønnøysund parallel zur Hurtigruten-Linie. Wer diesen Abschnitt Mittelnorwegens mit dem Auto absolviert, benötigt wegen der vielen Fährüberfahrten wesentlich mehr Zeit als das Postschiff.

Am Nationalfeiertag werden die Hurtigruten-Schiffe an vielen Häfen von einer großen Menschenmenge empfangen. Oft finden sogar ein Empfang oder eine Parade statt. Hurtigruten sind für viele Norweger ein nationales Symbol.

HURTIGRUTEN

Der Norden – das Tor zur Arktis

Der Norden Skandinaviens wird geprägt von unterschiedlichen Landschaftsformen. An der Küste sind schroffe Felsenregionen vorherrschend, ansonsten aber tundraähnliche Gebiete, Hochebenen, unzählige Flüsschen und Seen und „sanfte" Berge, die Fjell genannt werden. Auch die Temperaturen differieren zwischen dem Binnenland, wo im Winter tiefe Minustemperaturen zu verzeichnen sind, und der Küste, die eisfrei bleibt, da an ihr der Golfstrom entlangfließt. Dies bietet günstige Bedingungen für die Fischerei und ermöglicht Hurtigruten, die nördlichen Häfen jederzeit anzulaufen. Das Wetter schlägt oft schnell um – ein Phänomen, das für ganz Norwegen gilt, was sich aber in den nördlichen Küstenregionen stärker bemerkbar macht, wenn heftige Westwinde und eisige Stürme aus der Arktis über das Land fegen oder Wolken an der Gebirgskette abregnen.

Die Jahreszeiten unterscheiden sich grundsätzlich von unseren mitteleuropäischen Gegebenheiten. In den Wintermonaten steigt die Sonne, je weiter man nach Norden kommt, kaum oder gar nicht über den Horizont. Im Sommer hingegen ist es selbst um 24.00 Uhr noch taghell, und am Nordkap geht die Mitternachtssonne zwischen Mitte Mai und Ende Juli überhaupt nicht unter.

Die Einfahrt in den Trollfjord, ein Nebenarm des Raftsund, bildet für viele Hurtigruten-Passagiere den Höhepunkt ihrer Reise. In der Regel wird der Fjord auf der südgehenden Tour angefahren.

Diese Wimpel zeigen an: Hier verläuft der Polarkreis. Mit 66,56 Grad nördlicher Breite markiert der Breitenkreis die Linie, wo an den Tagen der Sonnenwende diese gerade nicht mehr auf- beziehungsweise untergeht.

Der Parkplatz auf dem Polarkreis wird von den meisten Nordlandurlaubern zu einem Zwischenstopp genutzt. Diese vom Menschen erdachte Linie trennt die Polargebiete von den gemäßigten Zonen.

Nach der Sage war der Hestmann jener abgewiesene Freier, der den Töchtern des Trollkönigs, die dann zu den „sieben Schwestern" versteinerten, nachstellte. Der gleichnamige Berg ist von Bord eines Hurtigruten-Schiffes gut auszumachen.

Bevor es elektronische Seekarten, GPS und Autopilot gab, waren Leuchttürme wie dieser in der Nähe des Polarkreises wichtige Landmarken, um den Schiffen den Weg zu weisen. An den zerklüfteten Küsten Norwegens gibt es heute Tausende dieser Wegweiser.

Seite 80/81:
Noch immer fahren die Hurtigruten-Schiffe unter der Flagge der norwegischen Post. Obwohl diese heute von Flugzeugen in den hohen Norden befördert wird (das geht einfach schneller), haben die Schiffe noch immer ein gewisse Bedeutung bei der Beförderung von Fracht. Hier die Ausfahrt aus Ørnes.

Nicht nur in Bodø bilden sich in den Sommermonaten lange Autoschlangen vor den Hurtigruten-Schiffen. Die Postschiffe fungieren auch als ganz normale Fähren, die schnell und ohne Umwege Mensch und Auto transportieren. Da die Ladekapazität begrenzt ist, empfiehlt sich in der Hochsaison eine langfristige Reservierung.

Der Leuchtturm von Landegode mit dem anschließenden Leuchtturmwärterhaus ist sicher eines der schönsten Motive auf einer Reise mit dem Postschiff. Bei schlechtem Wetter kann es aber vorkommen, dass man den Landegode Fyr überhaupt nicht sieht.

Von Bodø starten Ausflüge zum nahegelegenen Saltstraumen, dem stärksten Gezeitenstrom der Welt. Die Schlauchboote sind mit starken Motoren ausgerüstet, um gegen die Fließgeschwindigkeit des Wassers anzukommen. Aufgrund des Fahrplans erreichen die Zodiacs den Saltstraumen allerdings nicht zur Zeit des größten Tidenhubs.

Die meisten Hurtigruten-Passagiere wählen das Frühjahr und den Sommer für ihre Rundreise. Doch auch im Winter entfaltet die Küstenlinie Norwegens ihren eigenen Reiz. Die Berge sind mit Schnee „gepudert". Auf den Schiffen geht es noch ruhiger und entspannter zu als in der Hauptsaison.

Rechts:
Ein Sonnenbad an Deck? Mit der entsprechenden Kleidung und einem Windschutz ist das auch im Winter kein Problem.

Ganz rechts:
Ein Tipp für schlechtes Wetter: Einkaufen im Bordshop.

Rechts:
Wenn die Kleidung bei dem reichhaltigen Essen auch nach der Reise noch passen soll, sei der regelmäßige Gang in den Fitnessraum dringend empfohlen.

Ganz rechts:
Noch ein Tipp für schlechtes Wetter: Die schön gestalteten Bars und Lounges (hier ein Aufenthaltsraum auf der MS Trollfjord) laden zur Unterhaltung ein.

In den Vitrinen auf der MS Richard With werden unter anderem Schiffsmodelle ausgestellt. Viele Passagiere kommen nach Norwegen, um wenigstens einmal im Leben die Faszination der Postschiffe zu erleben. Viele kommen immer wieder.

Auf der Brücke (hier die MS Richard With) wird der Kurs überwacht und die Geschwindigkeit sowie das Wetter kontrolliert. Den Großteil der Strecke werden die Schiffe mit Autopilot gefahren. Nur bei schwierigen Manövern, zum Beispiel dem An- und Ablegen, wird von Hand gesteuert.

Ganz links:
Von der Brücke kommt der Befehl zu einer Rettungsübung.

Links:
Die wichtigsten Nachrichten des Tages werden in verschiedenen Sprachen in einer „Hurtigruten-Postille" veröffentlicht und angeschlagen.

Ganz links:
Der (bisher nie eingetretene) Ernstfall einer Evakuierung wird durch die Crew geprobt.

Links:
Die Passagiere sind eingeladen, sich an der Übung zu beteiligen. Vor allem Kinder finden dabei einen Riesenspaß.

Das Leben an Bord ist erholsam und stressfrei. Eine Fahrt mit dem Postschiff ist eine gute Gelegenheit, Hast und Hektik des Alltags hinter sich zu lassen.

Die MS Finnmarken besitzt als einziges Schiff der Flotte einen Swimmingpool. Hurtigruten-Schiffe der neuesten Generation werden oft mit Kreuzfahrtschiffen verglichen.

Im windgeschützten Bereich des Hecks haben die Passagiere der MS Richard With einen guten Platz zum Sonnenbaden ausgemacht. Die Außentemperaturen können allerdings im Winter durchaus „frisch" werden. Durch den Golfstrom bleibt die Küste Norwegens jedoch eisfrei.

Die Whirlpools auf der MS Trollfjord erfreuen sich nicht nur bei jungen Passagieren großer Beliebtheit. Dies ist sicher eine ganz spezielle Art, den Raftsund zu erleben.

SPECIAL ABENTEUER

WUNDERWELT LOFOTEN – INSELN IM NORDMEER

Der Svartisen-Gletscher, direkt auf dem Polarkreis gelegen, ist der zweitgrößte Gletscher Norwegens und wird als Attraktion von vielen Touristen besucht. Er erstreckt sich weit über das Land, Schmelzwasser stürzen in einen See, und mit einem Boot ist er bequem zu erreichen. Auch uns setzt ein Boot über. Es ist ein ungewöhnlicher „Land"-Gang und ein eindrucksvolles Erlebnis – wir sind allein mit den mächtigen Eismassen bis spät in die Nacht.

Mitte:
Ein spektakuläres Manöver ist die Wende des Schiffes am Ende des Trollfjords.

Im weiteren Verlauf der Reise bietet sich eine günstige Gelegenheit, ihn von See aus zu erleben. Kurz vor Ørnes steigen wir vom Hurtigrutenschiff in ein kleineres Boot, das durch schmale Meerengen bis zum Pavillon bei Engabreen fährt. Eine knappe Stunde Aufenthalt ist an diesem Aussichtspunkt eingeplant. Der Name „Schwarzeis-Gletscher" wurde geprägt, weil bei einem bestimmten Einfallswinkel der Sonne das Eis dunkel schimmern soll.

Unten:
Die Einfahrt in den Trollfjord aus dem Blickwinkel des Panorama-Salons.

Soweit die Theorie. Bei unserem Besuch funkelt der Gletscher in verschiedenen Blau- und Grautönen. Auch ein wunderbarer Anblick. Busse bringen uns dann über die schöne Küstenstraße Kystriksveien in Richtung Norden und dann bei Bodø zum Schiff zurück.

Und dann kündigt sich schon das nächste Erlebnis an: Eine Landschaft, die in uralten Zeiten geformt wurde. Die Entstehungssage lautet so: Nachdem Gott die Welt erschaffen hatte, säuberte er sich die Hände. Dabei fielen einige Erdkrümelchen (oder was auch immer) genau hier ins Meer, 365 sollen es genau gewesen sein, für jeden Tag im Jahr eines. Wir haben sie nicht nachgezählt. Auf alle Fälle ist eine besuchenswerte Wunderwelt entstanden.

Um 15.00 Uhr verlässt die MS Midnatsol den Hafen von Bodø. Vor uns liegt der Westfjord, der die Inselwelt der Lofoten vom Festland trennt. In den nächsten drei Stunden, so ist in den Informationsblättern zu lesen, queren wir eine „offene Passage", also einen jener Abschnitte, wo Hurtigruten sich von der Küste entfernt. Bei schlechtem Wetter kann es auf dieser Strecke kabbelig werden. Wir haben Glück. Unser Schiff gleitet durch ruhiges Wasser.

Der Landeplatz auf dem Hurtigruten-Schiff ist für Helikopter vorgesehen.

Und dann ist der Panoramasalon gefragt, denn am Horizont zeichnet sich die mächtige Lofotenwand ab. Ein gewaltiger, über 100 Kilometer langer Wall, der sich von Moskenes bis zum Raftsund erstreckt. Was für eine Aussicht! Je näher wir kommen, desto deutlicher sind Einzelheiten zu erkennen. Einige Berge scheinen so scharfkantig zu sein, als ragten gewaltige Haifischzähne aus dem Eismeer. Der erste Hafen Stamsund zeigt sich dagegen eher unspektakulär. Nur ein paar Einheimische steigen hier ein oder aus.

Fischerdörfer an felsigen Ufern

Gegen 21.00 Uhr fährt die Midnatsol in Svolvær, der mit circa 4000 Einwohnern größten Stadt der Lofoten, ein. Der einstündige Aufenthalt reicht jedoch nur aus, um einen kurzen Stadtrundgang zu unternehmen, das Kriegsmuseum oder die „Magic Ice Bar" (das komplette Interieur ist aus Eis gestaltet) zu besuchen. Auf der südgehenden Tour wird ein lohnenswerter Ausflug nach Henningsvær angeboten. Doch eigentlich sollte man hier seine Hurtigrutenfahrt für ein paar Tage unterbrechen. Denn die in das Nordmeer hineinragende Inselgruppe mit den gezackten, bis über 1000 Meter hohen steilen Felsen, mit saftigen Wiesen, hellen Stränden, felsigen Ufern und Fischerdörfern ist nun wirklich eine neue fantastische Welt, selbst für jene, die Norwegens Fjorde und Landschaften ausgiebig erkundet haben. Der Golfstrom sorgt auch in eisigen Wintermonaten für moderate Temperaturen. Und im Winter beginnt die Hauptsaison für die Lofotenfischer. Der Kabeljau, bei uns bekannt als Dorsch, hat über Jahrhunderte Leben, Reichtum oder Armut und

Manchmal meint man, die Felsen fast mit den Händen fassen zu können.

Mitte:
Vor Henningsvær zieht ein Fischkutter seine beschaulichen Runden. Der Fischerort wird im Rahmen des Lofotenausfluges angefahren.

Unten:
Schön eingerichtet und sehenswert: Das Trondenes Historiske Senter. Eine Ausstellung führt durch die norwegische Geschichte von der Zeit der Wikinger bis heute.

Unten rechts:
Die Ursprünge der Kirche von Trondenes liegen um 1250. Sie ist die bedeutendste mittelalterliche Steinkirche Nordnorwegens.

Not, wenn die Fischschwärme ausblieben, die Existenz der Inselbewohner bestimmt. Stockfisch, auch heute noch auf Gerüsten zum Trocknen aufgehängt, war schon für die Wikinger das wichtigste Lebensmittel, die Konserve, um die langen Seereisen überhaupt unternehmen zu können. Die Hanseaten machten ihn später in Europa bekannt. Vor allem in Italien und Deutschland fanden sie guten Absatz. Dort war der „Mumienfisch" eine beliebte Fastenspeise.

In den letzten Jahren ist die Bedeutung des Fischfangs allerdings immer mehr zurückgegangen. Hatten vor hundert Jahren noch über 30 000 Fischer den Kabeljau und die Heringe an Land gebracht, sind es heute keine 2000 mehr. Auch Norwegens Küsten sind von der Überfischung betroffen. Immerhin: Der Tourismus ist eine lohnende Einkommensquelle geworden, und ehemalige Fischerhütten, die Rorbuer, bieten romantischen „Komfort" und Nostalgie.

Wir hatten diesen Luxus bereits auf einer früheren Reise während eines Aufenthalts im Winter und Frühjahr genossen. Und im Sommer hatten wir unser Zelt in Å aufgeschlagen, fast am südlichen Ende der Lofoten, um die Vogelinseln Røst und Værøy zu besuchen. Es war der Beginn unserer Entdeckungsreise, die uns später von Insel zu Insel führte, bis zum nördlich gelegenen fantastischen, nur 100 Meter breiten Trollfjord mit seinen steilen 1000 Meter (kein Druckfehler!) hohen Felsen. Die Tour dorthin bekommen Hurtigrutenfahrer im Übrigen inklu-

Fisch frisch aus dem Netz: Vor allem Kabeljau, Seelachs und Heilbutt sind begehrte Speisefische.

Auf riesigen Gestellen wird der Kabeljau paarweise und ohne Kopf zum Trocknen aufgehängt, bis er zum legendären Stockfisch wird.

sive. Das Wendemanöver am Ende des Fjords ist eine Meisterleistung, und von Bord aus kann man fast die Felsen erreichen. In Svolvær werden aber auch Chartertouren angeboten. Was zählen wir noch auf? Na klar, im Sommer die Mitternachtssonne und im Winter bei klarem Wetter das Nordlicht, natürlich die fantastischen Panoramen, die wunderschönen Fischerdörfer, die Galerien und Ateliers...

Doch die (Wunder)welt ist hier nicht zu Ende, denn auch die benachbarten Vesterålen-Inseln, wenn auch nicht ganz so spektakulär, haben ihre eigenen Reize. Bei Andenes gibt es ausgedehnte Sandstrände, die im Sommer ganz Mutige zum Baden einladen, und wer einigermaßen „seefest" ist, kann auf einem ehemaligen Walfangschiff die großen Meeressäugetiere beobachten.

Wir genießen die Inseln und die angelaufenen Häfen nach mitteleuropäischen Maßstäben zu „nachtschlafender" Zeit. Doch hier ist es noch helllichter Tag und die Mitternachtssonne geht in diesen Breiten etwa zwischen Ende Mai bis Juli nicht unter.

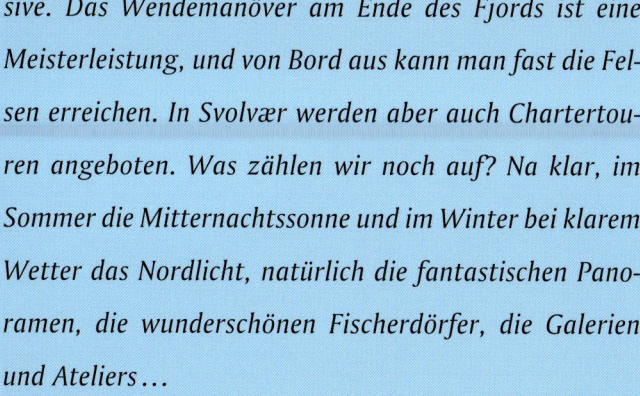

Der heutige Ertrag reicht kaum, um finanziell über die Runden zu kommen. Viele Fischer gehen einem Zweitjob nach.

Für Landratten ein seltsamer Fang.

Ein unbestrittener Höhepunkt der südgehenden Tour: Der Trollfjord. Gerade einmal hundert Meter ist dieser an einigen Stellen breit. Der Fjord wird nur bei gutem Wetter angefahren.

Ein letzter Blick zurück zum Trollfjord. Das Schiff fährt nach dem Abstecher zurück in den Raftsund. Der nächste Hafen heißt Svolvær.

Wie ein „Spielzeugschiff" wirkt das Hurtigrutenschiff zwischen den 1000 Meter hohen Felsen im Trollfjord. Manchmal steuern die Kapitäne das Schiff bis auf wenige Zentimeter (kein Druckfehler!) an die Felswände heran.

Der Raftsund trennt die Lofoten von den Vesterålen. Entlang des Sunds liegen vereinzelte Gehöfte und Ortschaften. Mit dem Ausbau des Straßennetzes ging die Bedeutung des Raftsunds als Wasserstraße zurück.

Der Ort Digermulen am Raftsund wurde durch einen Deutschen bekannt. Kaiser Wilhelm II. hat hier des Öfteren seinen Urlaub verbracht.

Aus der Luft kann man gut die unterschiedlichen Farbschattierungen des Wassers erkennen. Von Svolvær werden Bootsausflüge in diese spektakuläre Landschaft angeboten.

Die Einheimischen am Raftsund leben vor allem vom Fischfang und der Fischverarbeitung sowie von Dienstleistungen und vom Tourismus. Hier starten einige schöne Wanderungen in die umliegende Bergwelt.

Inseln und Inselchen werden auf den Lofoten durch elegante Brücken verbunden. Früher waren Orte wie Å, Reine oder Hamnøy nur mit dem Boot zu erreichen.

Einfahrt in Svolvær. Hier lohnt es sich, eine Hurtigruten-Reise für längere Zeit zu unterbrechen. Der Ort eignet sich hervorragend als Ausgangspunkt für Erkundungen der Inselwelt der Lofoten.

Ein wunderbares Farbenspiel. Die Sandbänke, Wasserstraßen und Wiesen der Lofoten aus der Luft. Auch abseits der touristischen Hauptroute von Svolvær nach Å gibt es jede Menge zu entdecken.

Seite 98/99:
Der Blick vom Reinebriggen auf Reine und Kjerkfroden ist im wahrsten Sinne des Wortes atemberaubend. Auch nach vielen Reisen in die beeindruckende Welt Lofoten entdeckt man immer wieder neue und kaum berührte Flecken.

Å ist der südlichste Ort auf den Lofoten. In den Sommermonaten lebt Å vorwiegend vom Tourismus. Die beiden Museen im Ort leisten einen wichtigen Beitrag zur Darstellung der Küstenkultur auf den Lofoten.

Wer mit dem Zelt unterwegs ist, hat nie Schwierigkeiten mit dem Übernachten. Hier der Zeltplatz bei Å.

Die wenigen Häuser in Hamnøy stehen zumeist auf Pfählen. Der kleine Fischerort liegt auf der mit einem Damm mit dem Festland verbundenen Insel Hamnøya am Beginn des Reinefjords. Überragt wird der Ort im Norden vom 700 Meter hohen Lilandstinden.

Nur das Gekreisch der Möwen stört die Idylle von Tind. Die im Sommer verlassenen Holzhäuser werden gerne von Anglern oder Wanderern als Unterkunft gemietet.

Seite 102/103:
Henningsvær bietet mit seinen dicht gedrängten Häusern, Fischerhütten, Booten und gewaltigen Bergen faszinierende Motive. Die Lage des Ortes war für den Fischfang sehr günstig, da es nur einer kurzen Anfahrt zu den Fischgründen sowohl im Westen als auch im Osten bedurfte.

In Stokmarknes liegt die Wiege von Hurtigruten. 1881 gründete Richard With hier die Vesterålen Dampskibsselskab aus der die Postschifflinie hervorging. Die Passagiere werden direkt am Kai abgeholt und in das Hurtigruten-Museum geführt.

Anlässlich des 100-jährigen Bestehens der Hurtigruten-Linie wurde 1993 das gleichnamige Museum eröffnet. Am Kai liegt auch das 1956 gebaute und heute ausgemusterte und aufgedockte Schiff MS Finnmarken. Es ist ein Bestandteil des Museums.

Die Ausstellung erinnert an die wichtigsten Ereignisse in der Geschichte von Hurtigruten. In erster Linie wird aber die verkehrstechnische Entwicklung der Schiffe dargestellt.

Transistortechnik im Museum erinnert an längst vergangene Tage. 1994 wurde für die Hurtigruten-Schiffe der elektronische Seeweg eröffnet. Die Navigation, Steuerung und Kommunikation erfolgt heute auf digitaler Basis.

SPECIAL ABENTEUER

VON NARVIK HINAUF IN DAS LAND DER SAMEN

Mitte:
Fertig zur Verschiffung: die Erz-Pellets. Durch den Golfstrom bleibt der Hafen in Narvik eisfrei, was den ganzjährigen Transport der Pellets ermöglicht.

Bilder unten:
Narvik und der Hafen wurden im Zweiten Weltkrieg stark zerstört. Der Ort besaß als Erzverladeort strategische Bedeutung. Das „Krigsminnemuseet" dokumentiert die Kämpfe zwischen den Alliierten und der deutschen Besatzungsmacht.

Hurtigruten bietet Nordlandfahrern viele Möglichkeiten. Man kann beispielsweise ein Komfort-Programm buchen und muss sich um die Flüge nicht mehr eigens kümmern. Darüber hinaus kann man als Individualtourist auch Teilstrecken buchen oder ganz spontan vor Ort erst zusteigen; letzteres zumindest in der Hochsaison mit dem Risiko mit seinem Pkw nicht sofort einen Platz zu bekommen. Doch auch da helfen die freundlichen Norweger in den Touristenbüros bei der Buchung. Für Reisende ohne motorisierten „Anhang", die mit Bus, Bahn oder eigenem Fahrrad das Nordland erkunden, ist immer Platz.

Für uns besonders schön war schon in der Vergangenheit die Möglichkeit, von den verschiedenen Häfen aus das Inland (bisweilen aber auch das benachbarte Schweden) zu besuchen. Denn wer in Harstad das Schiff verlässt und Narvik erkunden möchte, ist nach wenigen Kilometern schon im „Ausland"; was man allerdings nicht ganz so ernst nehmen muss, denn Grenzen sind nicht zu entdecken. Schließlich rattert hier die Ofoten-Bahn seit Anfang des 20. Jahrhunderts, um vom schwedischen Kiruna das Eisenerz in den Hafen zu bringen, der, Dank sei dem Golfstrom, selbst im Winter eisfrei bleibt, im Gegensatz zu den schwedischen Ostseehäfen. – Dies war die Geburtsstunde von Narvik. Nachdem die Strecke 1902 die Endstation, den kleinen Hafen „Viktoriahavn", erreicht hatte, wurde er gemeinsam mit dem Fischerdorf in Narvik umbenannt. Der Hafen mit den riesigen Verladeanlagen und den langen Erzzügen interessiert uns. Doch kaum ein Mensch ist zu sehen. Rationalisierung ist angesagt, und vor allem Modernisierung. Wenige Spezialisten regeln mit Elektronik und Automatik die Prozesse.

Ja, und wer die beeindruckenden Anlagen sieht, steigt vielleicht in das Auto (oder in den Zug), um an den Anfang dieser außergewöhnlichen Bahnstrecke zu gelangen und den Erztagebau mit über 400 Kilometern unterirdischen Straßen zu besuchen. Zumindest geht es uns so. Und wer in Kiruna ist, fährt wahrscheinlich weiter zum nur zwölf Kilometer entfernten Jukkasjärvi; im Winter, um eine Husky-Tour zu unternehmen und im Eishotel zu übernachten, das jedes Jahr neu erbaut werden muss; und im Sommer steht die älteste erhaltene Kirche des Lapplandes auf dem persönlichen Programm – eine kulturgeschichtliche Begegnung mit den Samen.

Auch im „offiziellen" Programm von Hurtigruten wird den Samen ein gebührender Platz eingeräumt. Bei verschiedenen Landausflügen sind Begegnungen mit ihnen vorgesehen. Und auf einer mehrere Tage dauernden Tour von Kirkenes aus besteht die Möglichkeit bis an den finnischen Inari-See zu reisen, um Kultur, Geschichte und die Gegenwart der Samen kennenzulernen.

Nur wenige Spezialisten überwachen die Steuerung und Logistik im Hafen von Narvik.

BEGEGNUNGEN MIT DER VERGANGENHEIT

Wir sind in Jukkasjärvi und entschließen uns, eine abwechslungsreiche Tour ins norwegische Kautokeino zu unternehmen – zum Zentrum der Samen. Der Ort ist so interessant, dass wir ihn schließlich mehrmals besuchen. Denn in Kautokeino, auf dem Gebiet der Finnmarksvidda, sind 85 Prozent der Bewohner Samen. Ursprünglichkeit und Rentierherden seien dort zu finden, liest man, was wir hingegen zunächst sehen, ist ein fast schon städtisches Gebiet, zersiedelt und mit Häuschen im Grünen, ein Fluss und eine Sprungschanze. Doch wo sind bloß die Samen?

„Ich bin eine Samin", sagt eine junge hübsche Frau von der Information in tadellosem Englisch. „Glauben Sie, wir leben noch in Zelten?" Sie lacht und steigt in ihr Auto. Natürlich haben die Samen noch ihre Zelte, die Lavvus –

Schweres Gerät dominiert den Narviker Hafen.

Heute sind der Verladekai und die riesigen Anlagen im Narviker Hafen fast menschenleer. Kosten und Konkurrenz führten zu Rationalisierung und Entlassungen.

Etwa 120 Kilometer südlich von Alta liegt Kautokeino, die größte Siedlung der Finnmark und „Hauptstadt" der Samen. 85 Prozent ihrer Einwohner sind von samischer Abstammung.

In der Osterwoche kann man in Kautokeino bei zahlreichen Feierlichkeiten die samische Kultur und alte Traditionen erleben. An diesen Tagen sind die „Kofter", die aufwändig bestickten Trachten, zu bewundern.

Interessierte Zuschauer und -hörer beim Sami-Grand-Prix. Der Gesangswettbewerb stellt einen Höhepunkt der Osterfeierlichkeiten da. Gekürt wird der beste Joik-Sänger.

Hier oben im hohen Norden verläuft das Leben in ruhigeren Bahnen. Für einen Schwatz an der Kasse hat man hier immer Zeit.

vor allem für die Touristen. Sie waren, ursprünglich aus Birkenrinde gefertigt, ihre ständigen Begleiter, wenn sie die Wohnquartiere wechselten, um als Nomaden das Land zu durchstreifen. Um 1000 n. Chr. reichten ihre Lebensräume bis Bergen und im Osten bis zum Ladoga-See. Heute wohnen sie in Nordskandinavien und auf der russischen Halbinsel Kola. An den Werktagen ist es schwer, die Samen von den anderen hier siedelnden Bevölkerungsgruppen zu unterscheiden. An den Osterfeiertagen hingegen holen viele ihre „Kofter", die bunte Tracht, hervor. Auffällig sind die roten Kappen der Frauen und die breiten Borten auf blauem Stoff. Darüber werden Mäntel aus Rentierfell oder farbenfrohe Tücher geworfen, die von reich verzierten Silberbroschen zusammengehalten werden. An den Füßen sieht man manchmal noch Scoller, die Schnabelschuhen ähneln.

Als wir Ende April nach Kautokeino reisen, ist vom Ende des Winters noch nichts zu spüren. Und schon in der Woche vor Ostern finden Konzerte, ein Filmfestival, der Sami-Grand-Prix, Schneescooter- und die Weltmeisterschaften im Rentierschlittenrennen statt. Diese Art Ostern zu feiern hat eine lange Tradition. Man trifft Freunde, schwatzt, lacht, und gegen Mittag kreist auch schon mal

Ganz links:
Die traditionelle farbenfrohe Kleidung der samischen Bevölkerung ist wie ein Markenzeichen. Für die meisten Samen ist sie nur Festtagskleidung, manche tragen die Tracht aber auch im täglichen Leben.

Links:
Zur Osterzeit, wenn sich die Samen zu traditionellen Feierlichkeiten treffen, ist im sonst so beschaulichen Kautokeino einiges los.

Oben und links:
An Ostern wird in Kautokeino auch die Weltmeisterschaft im Rentierschlitten-Fahren ausgetragen. Das Ereignis wird von allen mit großer Aufmerksamkeit verfolgt, ist doch rund ein Drittel der hiesigen Bevölkerung durch die Rentierzucht auch beruflich mit diesem Thema verbunden. Die Weltmeisterschaft ist heute jedoch kein harter Wettkampf mehr sondern eher eine Belustigung für Touristen und Einheimische.

Wind- und wetterfest: Die „Scoller" der Samen ähneln Schnabelschuhen.

die Flasche. Neu hingegen und seit geraumer Zeit nicht mehr aus dem täglichen Leben wegzudenken sind Satellitennavigation, Motorschlitten und Hubschrauber, um die Rentiere zusammenzutreiben. Selbstverständlich werden die alte samische Kultur und die samische Sprache gepflegt. Ein Kulturhaus mit eigenem Theater und ein Skandinavisch-Samisches Institut sind sichtbare Zeichen. Und für die Touristen gibt es nicht nur die Silberschmiedewerkstätten, sondern auch Angelpartien, Rundflüge und sogar Bootsfahrten bis zum Alta-Staudamm.

Die Reise führt uns weiter nach Alta. Eine Trekking-Tour über die Hochebene zum gleichnamigen Canyon ist ein unvergleichliches Naturerlebnis. Aber in der Nähe des Städtchens gibt es auch Anderes zu bestaunen: Steinzeichnungen wurden hier in die Felsen geritzt, es ist eine Begegnung mit einer Welt vor mehreren tausend Jahren. Mit welchen Werkzeugen und welcher Technik die Kunstwerke hergestellt wurden, ist bis heute nicht klar. Sie stellen Szenen aus dem alltäglichen Leben dar, mythologische Figuren, Schiffe. Doch wer waren die kühnen Seefahrer damals? Kein Mensch kann die Rätsel entziffern, und sie ähneln jenen, die wir schon im Süden Norwegens am Altertumsweg gefunden hatten.

Harstad auf den Vesterålen ist neben Tromsø das wichtigste Handels- und Verkehrszentrum Nordnorwegens. Vor allem Fischverarbeitung, Schifffahrt und Schiffbau sind wichtige Wirtschaftsfaktoren.

Am Hafen von Sortland endet der Landausflug „Inselpanorama Vesterålen". Innerhalb von vier Stunden bekommt man einen guten Einblick in das Leben der Menschen auf dieser Inselgruppe. Die Exkursion wird ganzjährig angeboten.

Bojen markieren die 4,5 Kilometer lange Risoyrenna. Bis 1922 konnten Teile der Vesterålen von Hurtigruten-Schiffen nicht angelaufen werden. Das Wasser war nicht tief genug. Erst nachdem ein Kanal ausgebaggert wurde, konnten die Vesterålen in den Hurtigruten-Verkehr eingebunden werden.

Risoyhamn liegt direkt an der Risoy-Rinne. Seit über 200 Jahren ist der Ort ein wichtiger Verkehrsknotenpunkt. In der Nähe liegen einige der ergiebigsten Fischgründe Nordnorwegens.

111

Wie hier am Solbergfjord in der Nähe von Finnsness liegen oft Nebel oder dicke Wolkenbänke über Nordnorwegen. Trotzdem haben auch Schlechtwettertage ihren Reiz. Vor allem, wenn man im warmen Panoramasalon eines Hurtigruten-Schiffes sitzt.

Regen peitscht an die Scheiben eines Ausflugbusses. Bei einer Fahrt nach Nordnorwegen gehören auch im Sommer ein dicker Pullover, Regensachen und feste Schuhe ins Gepäck.

Die MS Lofoten gehört zur ältesten Generation der Hurtigruten-Schiffe. Mit einigen Unterbrechungen versieht sie seit 1963 ihren Dienst unter der Flagge der Postschiffe. Das Fahrgefühl darf man getrost als nostalgisch bezeichnen.

Die MS Kong Harald im Havøysund. In der Nähe findet man auch eine der seltenen Windkraftanlagen Norwegens.

Eine elegante einen Kilometer lange Brücke verbindet in Tromsø die Insel Tromsøya mit dem Festland. Den besten Ausblick auf die Stadt bietet der Hausberg Storsteinen, auf den die Fjellheisen-Seilbahn hinaufführt.

Glücklicherweise wurde Tromsø im Unterschied zu anderen Orten im Zweiten Weltkrieg nicht zerstört. Die Stadt war als „Pforte zum Eismeer" schon immer ein wichtiger Ausgangsort für norwegische und internationale Polarforscher.

Die Stadt Honningsvåg ist mit ihren circa 3500 Einwohnern das Zentrum der nordnorwegischen Kommune Nordkap. Sie liegt auf der Insel Magerøya und ist außerdem Ausgangspunkt für die meisten Ausflüge zum Nordkap.

Besonders lebhaft ist das Treiben am Hafen von Honningsvåg. Das Städtchen ist die wichtigste Fischereisiedlung der westlichen Finnmark.

SPECIAL ABENTEUER

Unter der Mitternachtssonne – angelangt am nördlichsten Punkt der Reise

Mitte oben:
Bei Hammerfest wurden riesige Erdgasvorkommen entdeckt. Auf der Hammerfest vorgelagerten Insel Melkøya wurde die größte Erdgasverflüssigungsanlage Europas errichtet.

Ein Ehrenplatz gebührt dem Polarforscher Amundsen im Zentrum Tromsøs.

Das Polarmuseum in Tromsø informiert über Roald Amundsens Leben und seine Expeditionen.

Hammerfest wirbt, wie Städte in Russland und Alaska im Übrigen auch, mit dem Slogan, die nördlichste Stadt der Welt zu sein.

Unser Schiff hat Tromsø erreicht. Landausflug. Das besondere Erlebnis auf der südgehenden Tour ist ein Konzert in der Eismeerkathedrale um Mitternacht. Und was besucht man – nordgehend – am Tag? Natürlich auch die Kathedrale mit ihrer eigenwilligen Architektur und dem wunderbaren großflächigen Chagall-Fenster. Anschließend kann man bei einem Spaziergang oder einer Rundfahrt die bunte Stadt genießen. Das Denkmal für Roald Amundsen ist nicht zu übersehen. Gemeinsam mit Umberto Nobile hatte er in dessen Luftschiff „Norge" (Norwegen) 1926 den Nordpol überflogen, und als zwei Jahre später Nobiles Luftschiff verunglückte, beteiligte er sich an der großangelegten internationalen Suche. Von Tromsø aus startete er zu seinem letzten Flug. Während Nobile gerettet werden konnte, wurde Amundsen nie gefunden.

Tromsø ist eine geschichtsträchtige Stadt und hat viele Museen. Schon in der Steinzeit hausten hier Menschen, und aus der Zeit um 900 n. Chr. ist sogar der Brief eines Wikingers überliefert. Das „Verteidigungsmuseeum" dokumentiert die Versenkung des deutschen Schlachtschiffes „Tirpitz" 1944 in einem Fjord kurz vor der Stadt.

Doch die Zeit reicht nicht, um alle Sehenswürdigkeiten der Stadt und seiner Umgebung würdigen zu können. Wer eine Teilstrecke gebucht hat, wird deshalb bestimmt einige Tage hier verbringen. Tromsø ist auch ein guter Ausgangspunkt für Trekking-Touren, etwa zum 1238 Meter hohen Tromsdalstind.

Oben:
Bemerkenswert ist das große Glasmosaik in der Eismeerkathedrale in Tromsø.

Ganz links und links:
Die „Royal and Ancient Polar Bear Society" von Hammerfest hat über 200 000 Mitglieder. Für die Mitgliedschaft im Club genügt die Bezahlung der einmaligen Aufnahmegebühr. Im kleinen Museum werden Exponate der einstigen Eismeer- und Walfangmetropole gezeigt.

Wir bleiben dieses Mal auf dem Schiff, um am frühen Morgen die „nördlichste Stadt der Welt", wie sich Hammerfest gern nennt, zu erreichen. Die einsame Lage konnte sie leider in der Vergangenheit nicht vor kriegerischen Überfällen und Unheil schützen. 1809 zerstörten englische Schiffe das Städtchen, 1890 wütete ein verheerender Brand, und am Ende des Zweiten Weltkriegs machten die deutschen Truppen auf ihrem Rückzug die Stadt dem Erdboden gleich. Ein Museum erinnert daran. Inzwischen ist Hammerfest längst wieder eine prosperierende Stadt. Auf dem Fjell leben Samen im Sommerquartier. Während der südgehenden Tour hat man Gelegenheit, ihre Bekanntschaft zu machen.

Doch die Neuzeit setzt andere Prioritäten, und diese sind zunächst nicht sichtbar. Sie liegen rund 150 Kilometer nordwestlich von Hammerfest im eisigen Europäischen Nordmeer in 2000 Meter Tiefe. Es handelt sich um: Gas. Oder, was lieblicher klingt, „Snøhvit", in der deutschen Übersetzung „Schneewittchen". Und in der Tat, das entdeckte Gasfeld hat (wie auch die benachbarten Felder „Albatross" und „Askeladd") märchenhafte Vorräte und Ausmaße. Keine der üblichen Bohrinseln ist zu sehen. 250 bis 350 Meter unter der Wasseroberfläche pumpt eine vollautomatische Förderanlage auf dem arktischen Meeresgrund das Gas in eine Spezial-Pipeline, die bis zur kleinen Insel Melkøya kurz vor Hammerfest führt. Und nun ist doch etwas zu sehen: In kürzester Frist wurde hier, so groß wie die Insel, eine moderne Gasverflüssigungsanlage errichtet. Vom 1. Dezember 2007 bis 2035 sollen (so die geschätzten Vorräte) spezielle Tankschiffe das Flüssiggas nach Europa und in die USA liefern.

Das Traumziel für Tausende „zivilisationsmüde" Nordlandfahrer. Der Globus auf dem Nordkap-Felsen. Sehr oft verhindern Nebel und Wolken eine Fernsicht. Mit Glück, Ausdauer und einem guten Teleobjektiv gelingt eine Aufnahme der Sonne um Mitternacht.

**Sehr gefragt:
Ein Busausflug zum Nordkap.**

Das Nordkap befindet sich auf 71° 10' 21" nördlicher Breite und liegt damit circa 520 Kilometer nördlicher als der Polarkreis. Etwa 2100 Kilometer beträgt von hier die Entfernung zum Nordpol.

MYTHOS NORDKAP

Das Nordkap – schon in vorgeschichtlicher Zeit diente es als Heiliger Ort oder Kultstätte. Die raue Landschaft, Nebel und Stürme, Monate währende Düsternis im Winter und 24 Stunden Tageshelligkeit im Sommer förderten Sagen und Mythen. Der Norden, das unbekannte Land, war Ziel von Forschern und Reisenden. Der Engländer Richard Chancellor suchte 1553 eine Nord-Ost-Passage nach China und nannte den Felsen erstmals Nordkap. Für Seefahrer war es jahrhundertelang ein sicheres und wichtiges Seezeichen am nördlichsten Punkt Europas. Und in der Gegenwart ist es ein „Muss" für Nordlandfahrer. Hurtigruten bietet sowohl auf der nordgehenden als auch auf der südgehenden Tour Landausflüge an. Ja, und wer am Porsangerfjord entlangfährt, bekommt einen kleinen Einblick in die Welt der Mythen und Legenden. Denn die Trolle hatten hier einst einer reichen Familie einen großen Goldschatz gestohlen und eine Holzkiste so voll geladen, dass sie diese kaum bewegen konnten. Das Gold musste noch in der Nacht in die Berge geschafft werden. Bei Tagesanbruch wurden sie jedoch von den Sonnenstrahlen überrascht und erstarrten. Noch heute sind die versteinerten Trolle am Ufer des Porsangerfjords zu sehen, die Kiste mit dem Goldschatz hingegen blieb für immer verschwunden.

Das Nordkap liegt auf der Insel Magerøya und ist durch einen 6,8 Kilometer langen Tunnel vom Festland aus zu erreichen, allerdings nicht ohne Maut und Aufenthaltsgebühr. Und im Winterhalbjahr ist die Straße für Pkws gesperrt und nur im Konvoi zu befahren, sodass vor einem Ausflug unbedingt Informationen eingeholt werden sollten. Nebel verhüllt oft die Sonne, vielleicht schafft man es auch nicht, das Nordkap-Plateau genau um Mitternacht zu besuchen. Immerhin, „man war dort". Und ein Erlebnis ist es zu jeder Tages- oder „Nachtzeit", selbst wenn sich Busse und Autos auf dem Parkplatz mitunter die Plätze streitig machen. Man hat Zeit zum Schauen und orientiert sich,

denn das eigentliche, das geografische Nordkap, ist nicht der eindrucksvolle Felsen mit der stilisierten Weltkugel, sondern die etwa fünf Kilometer westlich gelegene Halbinsel. Wer Lust verspürt, die Mitternachtssonne einmal nicht im Nebel oder hinter einer dichten Wolkendecke vermuten zu müssen, geht in den „Supervideograf", um sie dort auf Breitwand anzusehen.

Doch Kai-Uwe (und natürlich auch ich), wir wollen eine Aufnahme der Sonne um Mitternacht. So zahlen wir einen weiteren Obolus für einen mehrtägigen Aufenthalt und suchen einen Campingplatz. Wir erleben Wolkenmeere, Nebel, empfindliche Kälte – und das im Sommer. Plötzlich ungewohnte Windstille. Wir schauen aus dem Zelt. Der Himmel ist wie leergefegt, eine glasklare, hell erleuchtete Nacht. Ein untrügliches Zeichen: das Wetter hat sich grundlegend geändert, für uns die Aufforderung, eilig zum Plateau zu fahren. Stunde um Stunde verfolgen wir den Lauf der Sonne, die sich zum Horizont hin neigt, und ohne die Wasserfläche zu berühren wieder nach oben steigt. Mitternacht ist schon lange vorüber, als wir in unsere Schlafsäcke krabbeln, müde, aber mit dem schönen Gefühl einem einzigartigen Schauspiel beigewohnt zu haben.

Seite 120/121:
Der mächtige Nordkap-Felsen ragt über 300 Meter senkrecht aus dem Eismeer empor. Das geografische Nordkap ist jedoch eine schmale unauffällige Landzunge wenige hundert Meter entfernt.

Links:
Ein Geduldsspiel: Warten auf die Mitternachtssonne.

Unten links:
Im Sommer gibt es mitunter Parkplatzprobleme.

Unten:
Der „Nordkap-Globus" im Winter.

119

Die MS Richard With auf großer Fahrt im Eismeer. Auch im Winter bieten sich nördlich des Polarkreises fantastische Lichtstimmungen.

Kirkenes markiert den Wendepunkt der Postschiffe. Im Ort selbst gibt es nicht viel zu sehen. Interessant ist der Ausflug zur russischen Grenze.

Circa 6000 Einwohner aus vielen Ländern leben und arbeiten in Kirkenes. Der Ort ist das Versorgungszentrum der Barentsseeregion. Die Hurtigruten-Schiffe liegen nur wenige Stunden am Kai.

Die Passage zwischen Honningsvåg und Kirkenes gehört zu den Etappen einer Hurtigruten-Reise, wo es auch mal unruhig und kabbelig werden kann. Die sogenannten „offenen Passagen" sind allerdings kurz und nur selten werden Passagiere dabei seekrank.

Hurtigruten kompakt – Nützliche Informationen

Ein- und Anreise
Für die Einreise nach Norwegen genügt der Personalausweis. In den Frühjahrs- und Sommermonaten werden von den Flughäfen Berlin, Frankfurt, Düsseldorf und Hamburg Direktflüge nach Bergen, bzw. ab Frankfurt auch nach Oslo angeboten. Außerdem gibt es Flüge (meist über Oslo) nach Kirkenes.

Einschiffung in Bergen

Zeitraum	Abfahrt	Einschiffung
01.01.–14.04.	22.30	ab 18.00
15.04.–14.09.	20.00	ab 18.00
15.09.–31.12.	22.30	ab 18.00

Achtung: Diese Zeiten können sich von Saison zu Saison ändern. Erkundigen Sie sich unbedingt bei Ihrem Reisebüro über die aktuellen Zeiten.
Bei allen anderen Häfen erfolgt die Einschiffung direkt nach Anlegen des Schiffes, spätestens 30 Minuten vor der angegebenen Abfahrtszeit, Abfahrt gemäß Fahrplan.

Die MS Narvik wurde 1982 gebaut und gehört zu den Schiffen der mittleren Generation.

Tageslichtstunden

Datum	Bergen	Tromsø	Berlin
01.01.	6	0	8
01.02.	8	5	9
01.03.	10,5	9,5	11
01.04.	13,5	14	13
01.05.	16	18,5	15
01.06.	18,5	24	16,5
01.07.	19	24	17
01.08.	17	21	15,5
01.09.	14	15,5	13,5
01.10.	11,5	11	11,5
01.11.	8,5	6,5	9,5
01.12.	6,5	0	8

Mitternachtssonne

Ort	Erster	–	letzter Tag
Bodø	03.06.	–	08.07.
Hammerfest	16.05.	–	26.07.
Harstad	24.05.	–	18.07.
Nordkap	13.05.	–	29.07.
Svolvær	28.05.	–	14.07.
Tromsø	20.05.	–	22.07.
Vardø	17.05.	–	25.07.

Mittlere Tageshöchsttemperaturen

Datum	Bergen	Tromsø	Berlin
01.01.	3,5	-2,0	1,8
01.02.	3,8	-1,6	3,5
01.03.	6,0	0,1	7,9
01.04.	9,0	3,3	13,2
01.05.	14,1	7,8	18,6
01.06.	17,0	12,7	21,8
01.07.	18,2	15,4	23,1
01.08.	17,9	13,8	22,8
01.09.	14,6	9,2	18,7
01.10.	11,3	4,6	13,3
01.11.	6,8	1,1	7,0
01.12.	4,6	-1,1	3,2

Klima und Reisezeit
Hurtigruten-Schiffe verkehren ganzjährig. Das Wetter kann nicht nur täglich, sondern sogar stündlich sehr stark schwanken. Die Temperaturen liegen im Sommer normalerweise zwischen 10 und 25 °C in den nördlichen und zwischen 15 und 30 °C in den südlichen Landesteilen. Im Winter liegen die Temperaturen normalerweise zwischen 2 und -10 °C. Dabei bleibt die Küste eisfrei.

Gepäck
In skandinavischen Ländern ist die Dienstleistung des Gepäckträgers weithin unbekannt. Empfehlenswert ist es, nur so viel Gepäck mitzunehmen, wie man selbst tragen und auf der gesamten Reise beaufsichtigen kann. Wichtige Medikamente, Brillen, Ausweispapiere usw. sollten grundsätzlich im Handgepäck und nicht im Koffer transportiert werden. In Bergen wird das Gepäck nach dem Check-in aufs Schiff gebracht. Es besteht die Möglichkeit, die Koffer an der Bordrezeption zur Aufbewahrung abzugeben.

Essen und Trinken
Die Verpflegung erfolgt gemäß den gebuchten und bestätigten Leistungen der Reisebestätigung. Die Mahlzeiten werden zu festen Zeiten im Restaurant serviert.
- Reichhaltiges Frühstücksbuffet von 7.00 bis 10.00 Uhr
- Großes Mittagsbuffet mit warmen und kalten Speisen und Desserts von 12.00 bis 14.30 Uhr
- 3-Gänge-Abendmenü von 18.30 bis 21.00 Uhr

In der Hochsaison wird das Mittag- und Abendessen in zwei Sitzungen eingenommen. In diesem Fall können die o.g. Zeiten abweichen bzw. sich verschieben. Die Küche zeichnet sich durch regionalen Charakter und eine Vielfalt von Fischgerichten aus. Es gibt außerdem eine Cafeteria an Bord.

Alkohol
Bier, Wein und Spirituosen sind zwischen 6.00 Uhr morgens und 3.00 Uhr nachts erhältlich. Bitte beachten Sie, dass Spirituosenpreise in Norwegen allgemein höher sind als in Deutschland und die Waren nicht zollfrei sind.

Garderobe
Gesellschaftskleidung (Anzug, Cocktailkleidung u.a.) ist nicht erforderlich, allerdings gehört z.B. ein Jackett oder Blazer ins Gepäck. Bitte denken Sie daran, dass Sie in nördliche Regionen fahren – also unbedingt warme, wind- und wasserdichte Bekleidung mitnehmen. Schal, Mütze, festes Schuhwerk, Sonnenbrille und Sonnencreme sind ebenfalls einzupacken.

Telefon, Fax und Internet
Alle Schiffe verfügen über Münzfernsprecher. Mobiltelefone haben in der Regel eine gute Reichweite. Außerdem ist man im Regelfall jederzeit an Bord telefonisch und per Fax zu erreichen. Alle Schiffe können im Selbstwähldienst direkt angewählt werden. Telefonnummer und E-Mail-Adresse erhält man mit den Reiseunterlagen. Schiffe der neuesten Generation haben Internetzugang.

Shop
Auf den meisten Schiffen ist ein Bord-Shop vorhanden. Hier werden Souvenirs, Strickwaren, Ansichtskarten, Briefmarken und Toilettenartikel verkauft. Auf Schiffen ohne Shop werden diese Artikel in der Cafeteria angeboten.

Zahlungsmittel an Bord
Norwegens Währung ist die norwegische Krone (NOK). 100 NOK entsprechen ca. 12,60 EUR (Stand: Juli 2007). Bordwährung ist die Norwegische Krone. Weiterhin werden an Bord VISA, American Express, MasterCard, Diners Club, JBC International und Euro-Reiseschecks akzeptiert sowie die meisten Währungen gewechselt. EC-Karten werden nicht akzeptiert.

Bordsprache
Die Bordsprache ist die Sprache, in der Durchsagen gemacht und allgemeine Informationen gegeben werden. Sofern sich an Bord ein deutschsprachiger Lektor befindet, werden Vorträge in deutscher Sprache angeboten. Englischsprachige Vorträge werden zum Teil auch übersetzt. Offizielle Bordsprachen sind Norwegisch und Englisch. Die Bord-Reiseleiter und Mitarbeiter an der Rezeption, der Purser sowie einige Mitglieder der Servicecrew sprechen meistens auch Deutsch. Die Durchsagen, Tagesprogramme, Informationsblätter zu den Häfen sowie die Menükarten sind meist auch in deutscher Sprache verfasst.

Behindertengerechtes Reisen
Außer auf MS LOFOTEN und MS NORDSTJERNEN gibt es auf allen Schiffen Aufzüge und rollstuhlgerechte Kabinen. Der Zugang auf das Schiff erfolgt über die Rampe des Autodecks. Schwerbehinderte Reisende bzw. Reisende, die nicht in der Lage sind, für sich selbst zu sorgen, müssen mit einer Begleitperson reisen. Dies muss bei der Buchung angegeben werden. Die Landausflüge sind teilweise nicht behindertengerecht.

Fitnessraum, Sauna und Pool
Alle Schiffe der neuen Generation verfügen über einen einfach ausgestatteten Fitnessraum und eine Sauna. Die Öffnungszeiten erfährt man an der Rezeption des Hurtigruten-Schiffs. MS FINNMARKEN bietet auf dem Außendeck einen beheizten Swimmingpool und zwei beheizte Whirlpools sowie Räumlichkeiten für Gesundheits- und Pflegeanwendungen. Die Schiffe MS MIDNATSOL, MS TROLLFJORD, MS RICHARD WITH und MS NORDKAPP verfügen über beheizte Whirlpools an Deck.

Strom
Die Kabinen sind mit Steckdosen für 220 Volt Wechselstrom ausgestattet.

Fotografieren
Videokamera und/oder Fotoapparat und eventuell ein Fernglas gehören ins Gepäck. Es ist empfehlenswert, eine ausreichende Anzahl an Filmen mitzubringen, da Filmmaterial in Norwegen sehr teuer ist.

Kabinen
Die Kabinen sind aufgrund der verschiedenen Schiffsgenerationen unterschiedlich in ihrer Ausstattung und Größe.

Kabinen mit Bullaugen
Zu beachten ist, dass auf den traditionellen und den Schiffen der mittleren Generation die Bullaugen bei Schlechtwetterlage aus Sicherheitsgründen mit Abdeckklappen verschlossen werden müssen bzw. in bestimmten Zeiten geschlossen bleiben.

Kinder an Bord
Die meisten Schiffe sind mit einem Spielzimmer ausgestattet.

Ladeaktivitäten
Da es sich bei den Hurtigruten-Schiffen auch um Arbeitsschiffe mit Be- und Entladeaktivitäten handelt und die Häfen rund um die Uhr angelaufen werden, kann eine gewisse Beeinträchtigung durch Lärm (auch nachts) nicht ausgeschlossen werden.

Landausflüge
Es werden eine Reihe organisierter Landausflüge angeboten, die zum Teil an Bord zu buchen und zu bezahlen sind. Alle angebotenen Ausflüge sind für jeden Teilnehmer mit einer durchschnittlich guten Kondition zu bewältigen. Das Programm erfragt man am besten vorher beim Reisebüro.

Medizinische Versorgung
Wegen der kurzen Abstände zwischen den einzelnen Häfen gibt es weder einen Arzt noch eine Apotheke an Bord, aber natürlich eine Erste-Hilfe-Ausrüstung und eine Krankenkabine. Der Reisende sollte sich über Infektions- und Impfschutz sowie andere Prophylaxemaßnahmen rechtzeitig zu Hause informieren und ggf. ärztlichen Rat zu Thrombose- und anderen Gesundheitsrisiken einholen.

Rauchen an Bord
In Norwegen besteht in öffentlichen Gebäuden und an anderen öffentlich zugänglichen Plätzen ein Rauchverbot. Am 1. Juni 2004 ist ein Gesetz in Kraft getreten, nach dem das Rauchen auch in Restaurants, Cafés, Bars etc. verboten ist. Auf allen Hurtigruten-Schiffen ist das Rauchen daher nur an Deck gestattet.

Reiseleiter
Auf allen Schiffen ist ganzjährig ein deutschsprachiger Reiseleiter an Bord. In den Monaten Januar bis April wird zusätzlich ein Reiseleiter der Hurtigruten GmbH auf den Abfahrten der Schiffe MS POLARLYS und MS KONG HARALD als Ansprechpartner für die deutschsprachigen Gäste eingesetzt. Von Mai bis August wird dieser Service auf allen Abfahrten ab Bergen fortgesetzt.

Trinkgelder
An Bord sind Trinkgelder kein Muss. Wer mit einem Service besonders zufrieden war, kann dies selbstverständlich mit einem Trinkgeld individuell honorieren.

Unterhaltungsprogramm
An Bord wird weitgehend auf Showprogramme o. Ä. verzichtet. Im Mittelpunkt der Reise stehen das Erleben und Betrachten der Natur sowie die individuelle Entspannung an Bord.

Wäscherei
Die Schiffe der neuen und mittleren Generation sind alle mit einem Waschraum ausgestattet.

Buchungen und weitere Informationen
Das Skandinavische Reisebüro ist eine Tochter der Hurtigruten GmbH und seit über 50 Jahren der Generalunternehmer der Hurtigruten-Reisen Deutschland. In folgenden Büros bekommt man umfassende Beratung und kann dort selbstverständlich auch die Reise buchen:

BERLIN
Skandinavisches Reisebüro
Kurfürstendamm 206, 1. Stock
10719 Berlin
Tel. 030/884 60 40

DÜSSELDORF
Skandinavisches Reisebüro
Berliner Allee 26
40212 Düsseldorf
Tel. 0211/17 68 40

STUTTGART
Skandinavisches Reisebüro
Silberburgstr. 112
70176 Stuttgart
Tel. 0711/22 87 83

Interessante Internetadressen
www.skandinavisches-reisebuero.de
www.hurtigruten.de (Der Betreiber der Hurtigruten)
www.art-adventure.de (Multivisionen und Bildarchiv über Hurtigruten)

Ganz unten:
Die MS Trollfjord ist wie ihr Schwesterschiff die MS Midnatsol mit verglasten Aufzügen ausgestattet.

Unten:
Aufenthaltsräume, Bars und Restaurants sind in allen Schiffen unterschiedlich gestaltet.

Register	Textseite	Bildseite
Å i Lofoten	90	100
Ålesund	42	4, 37–39, 128
Alta	11, 109	
Andenes	91	20
Bergen	18, 26, 32–35, 108	26–35, 49
Bodø	11, 88	82, 83
Borg	13	
Brønnøysund	58	24, 54, 73–75
Digermulen		94
Egersund	26	
Engabreen	88	
Finnsnes		21
Florø	48	36
Geiranger	42, 43	40–44
Geirangerfjord	42	1, 40–42
Grønøy		68
Hammerfest	117	116, 117
Hamnøy		101
Hardangervidda	26	
Harstad	106	110
Havøysund		113
Henningsvær	89	2, 90, 102
Hitra	54	
Holandsfjord		68
Honningsvåg		115
Kautokeino	107, 108	108, 109
Kirkenes	18, 26, 32, 48, 107	122, 123
Kiruna	107	
Kjerkfroden		98
Kristiansund	54, 58	60
Landegode		82
Lofoten	13, 88, 89	22, 90, 96–100
Magerøya	118	
Måløy		36
Melkøya	117	

Register	Textseite	Bildseite
Molde	43	52, 53
Moskenes	89	
Narvik	106	106, 107
Nordkap	26, 76, 118, 119	118–121
Nusfjord		8
Ørnes	88	80
Oslo	21, 32	
Porsangerfjord	118	
Reine		22, 98
Risoyhamn		111
Rørvik		62, 63
Røst	90	
Sandnessjøen		19, 72
Senja		21
Skageflå		45
Smøla	54	
Sognefjord	35	
Solbergfjord		112
Spitzbergen	20	
Stamsund	89	
Stiklestad	58	
Stokmarknes	11	104, 105
Storfjord	42	
Sunnylvsfjord		45
Svolvær	89, 91	95, 97
Tind		101
Trollfjord	90	47, 76, 88, 92, 93
Trollstigen (Trollleiter)	43	43
Tromsø	11, 116	114, 116, 117
Tromsøya		114
Trondenes		90
Trondheim	11, 26, 54, 58	56–59
Trondheimfjord	54	
Vadsø	11	
Værøy	90	
Vardø		14
Vesterålen	11, 91	20, 110, 111

Willkommen an Bord. Die MS Richard With im Hafen von Ålesund. – Pro Jahr befördert die Hurtigruten-Linie zwischen 500 000 und 550 000 Gäste aus aller Welt. 70 Prozent der Passagiere haben eine Rundreise gebucht.

Impressum

Buchgestaltung:
hoyerdesign grafik gmbh, Freiburg

Karte:
Fischer Kartografie, Aichach

Printed in Germany
Repro: Artilitho snc, Trento-Lavis, Italien, www.artilitho.com
Druck und Verarbeitung: Offizin Andersen Nexö, Leipzig

© 2. Auflage 2015 Verlagshaus Würzburg GmbH & Co. KG
© Fotos: Kai-Uwe Küchler
© Texte: Manfred Küchler

ISBN 978-3-8003-4619-6

Kai-Uwe Küchler zeigt als Fotograf und Reiseerzähler seit 1993 professionelle Live-Multivisionen zu Reisezielen in Nordeuropa, im Himalayaraum, im südlichen Afrika und in Südamerika. Bei mehreren Reisen mit den Postschiffen ist er dem Mythos Hurtigruten nachgegangen. Im Verlagshaus Würzburg sind von ihm bereits folgende Bildbände erschienen: Reise durch Tibet, Faszinierendes Tibet, Abenteuer Island, Tibet-Premium, Hurtigruten-Premium.
www.art-adventure.de

Manfred Küchler lebt in Berlin und hat neben belletristischen Titeln zahlreiche Bild-Text-Bände veröffentlicht. Als profunder Kenner Skandinaviens schreibt und berichtet er seit seinem Studium der Nordistik in verschiedenen Medien über die nordeuropäischen Länder.